Langenscheidt

Kurzgrammatik Italienisch

von Maria Anna Söllner

Langenscheidt

Berlin · München · Wien · Zürich · New York

www.langenscheidt.de

Druck: Druckhaus Langenscheidt, Berlin
Printed in Germany
ISBN-13: 978-3-468-35181-5
ISBN-10: 3-468-35181-X

5. 6. 7. 8. 9. * 09 08 07 06

Inhaltsverzeichnis

Grammatische Fachausdrücke

Adjektiv	*Eigenschaftswort*
Adverb	*Umstandswort*
Akkusativ	*4. Fall, Wenfall*
Aktiv	*Tätigkeitsform*
Artikel	*Geschlechtswort*
Dativ	*3. Fall, Wemfall*
Deklination	*Beugung (Hauptwort)*
Demonstrativpr.	*hinweisendes Fürwort*
Diphthong	*Zwielaut*
Femininum	*weibliche Form*
Futur	*Zukunft*
Genitiv	*2. Fall, Wesfall*
Genus	*Geschlecht*
Gerundium	*gebeugte Grundform des Zeitwortes*
Imperativ	*Befehlsform*
Imperfekt	*Vergangenheit*
Indefinitpr.	*unbestimmtes Fürwort*
Indikativ	*Wirklichkeitsform*
Infinitiv	*Grundform*
Interrogativpr.	*Fragefürwort*
intransitiv	*ohne Ergänzung im Akkusativ*
Komparativ	*1. Steigerungsstufe*
Konditional	*Bedingungsform*
Konjugation	*Beugung (Zeitwort)*
Konjunktion	*Bindewort*
Konjunktiv	*Möglichkeitsform*
Konsonant	*Mitlaut*
Maskulinum	*männliche Form*
Modalverb	*Zeitwort d. Art/Weise*
Modus	*Aussageweise*
Neutrum	*sächliches Geschlecht*
Nominativ	*1. Fall, Werfall*
Objekt	*Satzergänzung*
Partizip	*Mittelwort*
Passiv	*Leideform*
Perfekt	*Vorgegenwart*
Personalpr.	*persönliches Fürwort*
Plural	*Mehrzahl*
Plusquamperf.	*Vorvergangenheit*
Possessivpr.	*besitzanzeig. Fürwort*
Prädikat	*Satzaussage*
Präposition	*Verhältniswort*
Präsens	*Gegenwart*
Pronomen	*Fürwort*
Reflexivpr.	*rückbezügl. Fürwort*
Relativpr.	*bezügliches Fürwort*
Singular	*Einzahl*
Subjekt	*Satzgegenstand*
Substantiv	*Hauptwort*
Superlativ	*2. Steigerungsstufe*
transitiv	*+ Akkusativergänzung*
Verb	*Zeitwort*
Vokal	*Selbstlaut*

Abkürzungen

d. h.	*das heißt*
dt.	*deutsch*
Fem.	*Femininum*
Fut.	*Futur*
Ger.	*Gerundium*
Imper.	*Imperativ*
Imp.	*Imperfekt*
Ind.	*Indikativ*
Kond.	*Konditional*
Konj.	*Konjunktiv*
Mask.	*Maskulinum*
p.es.	*per esempio*
Pers.	*Person*
Pl.	*Plural*
Plusqu.	*Plusquamperfekt*
Pr.	*Pronomen*
Präs.	*Präsens*
Sg.	*Singular*
wörtl.	*wörtlich*
z.B.	*zum Beispiel*
<	*entstanden aus*
>	*wird zu*

1 Alphabet und Aussprache

1.1 Das italienische Alphabet

a *(a)*
b *(bi)*
c *(ci)*
d *(di)*
e *(e)*
f *(effe)*
g *(gi)*
h *(acca)*
i *(i)*
l *(elle)*
m *(emme)*
n *(enne)*
o *(o)*
p *(pi)*
q *(qu)*
r *(erre)*
s *(esse)*
t *(ti)*
u *(u)*
v *(vu)*
z *(zeta)*

Die Buchstaben **j** *(i lunga)*, **k** *(cappa)*, **w** *(doppia vu)*, **x** *(iks)* und **y** *(ipsilon, i greca)* kommen nur in Fremdwörtern oder in Eigennamen vor.

1.2 Aussprache

Zur Aussprache des Italienischen sollen nur die wichtigsten Regeln genannt werden: Bei den **Vokalen** ist vor allem auf die Aussprache der Diphthonge *au*, *ei* und *eu* zu achten: Diese Vokalkombinationen behalten den Einzelklang ihrer Bestandteile bei: *lei* (sie) [ei], nicht [ai], *l'autobus* [au] (Bus), *l'Europa* [eu], nicht [oi], (Europa); bei den Diphthongen *ie* und *uo* wird der erste Vokal jeweils kurz ausgesprochen, der zweite offen und betont: *ieri* [jɛ] (gestern), *l'uomo* [uɔ] (Mann). Für die **Konsonanten** gelten folgende vom Deutschen abweichende Regeln:

Laut		Regeln	dt. Bsp.	ital. Beispiel
c	[tsch]	vor *e* und *i*. Bei *cia, cio, ciu* wird *i* nicht ausgesprochen: [tscha] etc.	tschüs	*dieci* (zehn) *ciao* (Ciao)
	[k]	– vor *a*, *o*, und *u* – vor *h* (auch doppeltes *c*)	Kanne	*costa* (Küste) *occhi* (Augen)
g	[dsch]	vor *e* und *i*. Bei *gia, gio, giu* wird *i* nicht ausgesprochen: [dscha] etc.	Gin	*gelato* (Eis) *gioco* (Spiel)
	[lj]	mit folgendem *li*	Familie	*figlia* (Tochter)
	[nj]	mit folgendem *n*	Kognak	*lavagna* (Tafel)
	[g]	– vor *a*, *o* und *u* – vor *h*	Garten	*prego* (bitte) *ghetto* (Ghetto)
h		wird nicht ausgesprochen		*Hotel*

Laut		Regeln	dt. Bsp.	ital. Beispiel
r		wird mit der Zunge gerollt		*Roma*
qu	[ku]	nicht [kw]! u ist deutlich zu sprechen		*questo* (dieser)
s	[s]	stimmlos: – am Wortanfang – nach *l, n, r*	Salat	*sole* (Sonne) *falso* (falsch)
	[z]	stimmhaft: – am Wortanfang vor *b, d, g* – meist zwischen Vokalen	Sonne	*sbaglio* (Fehler) *rosa* (Rose)
	[sch]	mit *ce, ci*	Scherz	*sciarpa* (Schal) *scena* (Szene)
	[sk]	– mit *ca, co, cu* – mit *che* und *chi*	Skat	*scuola* (Schule) *scherzo* (Scherz)
v		wie das deutsche [w]	Wette	*Verona*
z	[ts]	stimmlos: – vor mehr als einem Vokal – nach *l, n, r*	Zucker	*zio* (Onkel) *senza* (ohne)
	[dz]	stimmhaft zwischen Vokalen		*azzurro* (blau)

2 Artikel

2.1 Formen des bestimmten und unbestimmten Artikels

Die Formen des bestimmten und unbestimmten Artikels sind vom Genus (Geschlecht) und dem Anlaut des folgenden Substantivs abhängig. Der unbestimmte Artikel hat wie im Deutschen keine Pluralform (ein Buch – Bücher); als Ersatzform kann der Teilungsartikel (→ Kap. 2.4) stehen.

	Unbest. Artikel	Bestimmter Artikel	
Maskulinum	**Singular**	**Singular**	**Plural**
vor Kons.	**un** libro *ein Buch*	**il** libro *das Buch*	**i** libri *die Bücher*
vor Vokal	**un** amico *ein Freund*	**l'**amico *der Freund*	**gli** amici *die Freunde*
vor *s* + Kons. sowie vor *z*, gn, ps, x und y	**uno** studente *ein Schüler* **uno** zio *ein Onkel* **uno** psicologo *ein Psychologe*	**lo** studente *der Schüler* **lo** zio *der Onkel* **lo** psicologo *der Psychologe*	**gli** studenti *die Schüler* **gli** zii *die Onkel* **gli** psicologi *die Psychologen*
Femininum			
vor Kons.	**una** casa *ein Haus*	**la** casa *das Haus*	**le** case *die Häuser*
vor Vokal	**un'**amica *eine Freundin*	**l'**amica *die Freundin*	**le** amiche *die Freundinnen*

2.2 Gebrauch

Der unbestimmte Artikel entspricht im Gebrauch im wesentlichen dem Deutschen. Er verweist auf etwas nicht näher Bestimmtes oder noch nicht Genanntes:

Ho letto **un** libro. — *Ich habe* ***ein*** (= irgendein) *Buch gelesen.*

i

Der unbestimmte Artikel wird in Ausrufen, Appositionen und vor *mezzo* nicht verwendet:

Che fortuna! — *Was für ein Glück!*
Marcello Mastroianni, famosissimo attore, ... — *Marcello Mastroianni, ein sehr berühmter Schauspieler, ...*
Me ne dia mezzo chilo! — *Geben Sie mir ein halbes Kilo!*

Ebenfalls wie im Deutschen weist der bestimmte Artikel auf etwas Bekanntes oder schon Genanntes zurück:

Il libro che mi hai regalato mi piace molto.	***Das*** *Buch* (= ein ganz bestimmtes), *das du mir geschenkt hast, gefällt mir sehr.*

Der bestimmte Artikel wird außerdem gebraucht:

- vor **Possessivpronomen** (→ Kap. 9):

la mia amica	*meine Freundin*

- vor **Titel** und **Namen** (außer in der direkten Anrede):

Il signor Marchi è appena arrivato.	*Herr Marchi ist gerade gekommen.*

- vor **Kontinenten, Ländern, Regionen, Flüssen, Seen und Inseln**:

l'Europa, l'Italia, la Francia	*Europa, Italien, Frankreich*
la Toscana, il Po, il Garda	*die Toskana, der Po, der Gardasee*
la Sicilia	*Sizilien*

Werden diese geographischen Bezeichnungen in Kombination mit *in* oder *di* verwendet, entfällt der bestimmte Artikel:

Vado **in** Italia.	*Ich fahre nach Italien.*
I vini **d'**Italia sono molto famosi.	*Die Weine Italiens sind sehr berühmt.*

- vor Bezeichnungen **körperlicher** oder **sonstiger äußerer Merkmale**:

Pietro ha **i** capelli biondi.	*Pietro hat blonde Haare.*
Gina porta **gli** occhiali.	*Gina trägt eine Brille.*

- bei der Angabe der **Uhrzeit** (→ Kap. 6.2):

Sono già **le** cinque!	*Es ist schon fünf Uhr!*

- vor **Tageszeiten** oder **Wochentagen**, um gewohnheitsmäßige, regelmäßige Handlungen auszudrücken:

La mattina mi sveglio presto.	*Morgens wache ich früh auf.*
Il lunedì vado al corso d'italiano.	*Montags gehe ich (immer) zum Italienischkurs.*

Bei einmaligen Handlungen entfällt der Artikel vor Wochentagen:

Lunedì vado al cinema.	*Am Montag gehe ich ins Kino.*

2.3 Präposition + bestimmter Artikel

Einige Präpositionen verschmelzen ähnlich wie im Deutschen (z.B. an + dem > am) mit dem darauf folgenden bestimmten Artikel zu einem Wort. Dies ist bei den folgenden Präpositionen obligatorisch:

+	il	lo	l'	la	i	gli	le
a	al	allo	all'	alla	ai	agli	alle
di	del	dello	dell'	della	dei	degli	delle
da	dal	dallo	dall'	dalla	dai	dagli	dalle
in	nel	nello	nell'	nella	nei	negli	nelle
su	sul	sullo	sull'	sulla	sui	sugli	sulle

Vado **al** cinema. — *Ich gehe **ins** Kino.*
Sul tavolo ci sono le mie chiavi. — *Auf dem Tisch sind meine Schlüssel.*

2.4 Teilungsartikel

Der Teilungsartikel entsteht durch die Verschmelzung von *di* mit den Formen des bestimmten Artikels (→ Kap. 2.3). Er bezeichnet eine unbestimmte Menge und wird meist nicht übersetzt.

+	il	l'	lo	la	i	gli	le
di	del	dell'	dello	della	dei	degli	delle

C'è **del** pane? — *Ist (etwas) Brot da?*
Ho comprato **dei** pomodori e **delle** pere. — *Ich habe Tomaten und Birnen gekauft.*

Der Teilungsartikel wird nicht in verneinten Sätzen, bei abstrakten Begriffen oder bei Mengenangaben verwendet:

Non c'è più pane. — *Es ist kein Brot mehr da.*
C'è ancora speranza. — *Es besteht noch Hoffnung.*
Ho comprato molti/tanti libri. — *Ich habe viele Bücher gekauft.*
Ho comprato un chilo di mele. — *Ich habe ein Kilo Äpfel gekauft.*

3 Substantiv

3.1 Genus und Pluralbildung

Im Italienischen gibt es nur maskuline und feminine Substantive. Ein Neutrum existiert nicht.
Das Genus (Geschlecht) ist in den meisten Fällen an der Endung zu erkennen.

Maskulinum		Femininum	
Singular	**Plural**	**Singular**	**Plural**
il vin**o** *der Wein*	i vin**i** *die Weine*	la cas**a** *das Haus*	le cas**e** *die Häuser*
il paes**e** *das Land, das Dorf*	i paes**i** *die Länder, die Dörfer*	la pension**e** *die Pension*	le pension**i** *die Pensionen*

- Substantive, die auf *-o* enden, sind in der Regel maskulin und bilden den Plural auf *-i*.
  Ausnahmen:

la man**o**	*Hand*	**le** man**i**	*Hände*
la radi**o**	*Radio*	**le** radi**o**	*Radios*
la fot**o**(grafia)	*Foto*	**le** fot**o**(grafie)	*Fotos*

- Substantive auf *-a* sind meist feminin; die Pluralendung ist *-e*.
  Ausnahmen:
  – Substantive auf *-ma:*

il cinem**a**	*Kino*	**i** cinema	*Kinos*
il problem**a**	*Problem*	**i** problem**i**	*Probleme*

  – Substantive auf *-ista*, oder auf *-a,* die männliche Personen bezeichnen:

il farmac**ista**	*Apotheker*	**i** farmac**isti**	*Apotheker*
il colleg**a**	*Kollege*	**i** colleg**hi**	*Kollegen*

- Substantive auf *-e* können sowohl maskulin als auch feminin sein. Unabhängig davon lautet der Plural immer *-i*.

la nott**e**	*Nacht*	**le** nott**i**	*Nächte*
il leon**e**	*Löwe*	**i** leon**i**	*Löwen*

- Feminin sind außerdem Substantive auf *-zione*, *-tà*, *-tù*, *-trice*:

la cola**zione**	*Frühstück*	**la** citt**à**	*Stadt*
la virt**ù**	*Tugend*	**la** scrit**trice**	*Schriftstellerin*

3.2 Besondere Pluralformen

Substantive auf *-ca, -ga, -co, -go*

Um die Aussprache [k] bzw. [g] zu erhalten, wird bei den Substantiven mit den Endungen *-ca, -ga, -co, -go* und mit betonter vorletzter Silbe im Plural ein *h* zwischen *c* bzw. *g* und Endungsvokal eingefügt:

l'amica	*Freundin*	le amic**h**e	*Freundinnen*
la collega	*Kollegin*	le colleg**h**e	*Kolleginnen*
il bosco	*Wald*	i bosc**h**i	*Wälder*
il luogo	*Ort*	i luog**h**i	*Orte*

Ausnahme bilden hier:

l'amico	*Freund*	gli ami**ci**	*Freunde*
il greco	*Grieche*	i gre**ci**	*Griechen*

Ist jedoch bei den maskulinen Substantiven auf *-co* und *-go* die drittletzte Silbe betont, bleibt die Schreibweise erhalten, d. h. die Aussprache verändert sich von [k] zu [tsch]:

il medico	*Arzt*	i medi**ci**	*Ärzte*
l'asparago	*Spargel*	gli aspara**gi**	*Spargel*

Auch hier gibt es einige Ausnahmen:

il carico	*Last*	i caric**h**i	*Lasten*
il catalogo	*Katalog*	i catalog**h**i	*Kataloge*

Substantive auf *-cia, -gia*

Wird das *-i-* nicht betont bzw. geht den Endungen *-cia* bzw. *-gia* ein Konsonant voran, lautet der Plural *-ce* bzw. *-ge*:

l'ara**n**cia	*Orange*	le aran**ce**	*Orangen*
la spia**g**gia	*Strand*	le spiag**ge**	*Strände*

Wenn das *-i-* betont ist oder den Endungen *-cia* und *-gia* ein Vokal vorangeht, bleibt das *-i-* erhalten:

la bugia	*Lüge*	le bugie	*Lügen*
la cam**i**cia	*Hemd*	le camic**i**e	Hemden

Substantive auf *-io*

Ist das *-i-* betont, lautet der Plural *-ii*:

lo z<u>i</u>**o**	*Onkel*	gli z<u>i</u>**i**	*Onkel/Tante und Onkel*

Bei unbetontem *-i-* besteht die Endung aus einem einfachen *-i*:

lo st<u>u</u>di**o**	*Studium*	gli st<u>u</u>d**i**	*Studien*

Substantive mit Genuswechsel

Einige Substantive, die im Singular maskulin sind, wechseln im Plural zum Femininum über. Diese Pluralformen enden unregelmäßig auf *-a*:

l'uovo	*Ei*	**le** uov**a**	*Eier*
il paio	*Paar*	**le** pai**a**	*Paare*
il braccio	*Arm*	**le** bracci**a**	*Arme*
il labbro	*Lippe*	**le** labbr**a**	*Lippen*

Singularwörter

Nur Singularformen haben folgende Substantive:

la gente	*Leute*	la roba	*Sache, Zeug*
l'uva	*Trauben*		

Pluralwörter

Nur im Plural kommen vor:

le forbici	*Schere*	i soldi	*Geld*
gli occhiali	*Brille*	i pantaloni	*Hose*

Weitere unregelmäßige Pluralbildung

l'uomo	*Mann*	gli uom**ini**	*Männer*
il dio	*Gott*	gli **dei**	*Götter*

Unveränderbare Substantive

Gleiche Formen im Singular wie Plural haben

- Substantive, die auf einen Konsonanten enden (meist Fremdwörter):

il film	*Film*	i fil**m**	*Filme*

- einsilbige Substantive:

il re	*König*	i **re**	*Könige*

- Abkürzungen:

la foto(grafia)	*Foto*	le fot**o**	*Fotos*
l'auto(mobile)	*Auto*	le aut**o**	*Autos*

- Substantive auf *-tà, -tù, -è*:

la città	*Stadt*	le citt**à**	*Städte*
la virtù	*Tugend*	le virt**ù**	*Tugenden*
il caffè	*Kaffee*	i caff**è**	*Kaffees*

- Substantive auf *-i*:

la crisi	*Krise*	le cris**i**	*Krisen*

3.3 Bedeutungsveränderung durch Suffixe

Durch bestimmte Suffixe (= Nachsilben) werden positive wie negative Abstufungen und Nuancen in der Bedeutung erzielt. Nicht jedes Wort kann jedoch mit jeder beliebigen Nachsilbe kombiniert werden.

Vergrößerung:	**-one/-ona**	il ragazzone	*ein großer Junge*
Verkleinerung:	**-ino/-ina**	la ragazzina	*das kleine Mädchen*
	-etto/-etta	la casetta	*das Häuschen*
	-ello/-ella	un buon vinello	*ein gutes Weinchen*
Abwertung:	**-accio/-accia**	il ragazzaccio	*der Lausbub*
		la parolaccia	*das Schimpfwort*

4 Adjektiv

4.1 Formen

Im Italienischen gibt es zwei Gruppen von Adjektiven:

- Adjektive auf *-o/-a*, die vier verschiedene Endungen haben:

	Maskulinum	Femininum
Sg.	il naso piccol**o** *die kleine Nase*	la casa piccol**a** *das kleine Haus*
Pl.	i nasi piccol**i** *die kleinen Nasen*	le case piccol**e** *die kleinen Häuser*

- Die Adjektive auf *-e* unterscheiden nur zwischen Singular und Plural:

	Maskulinum	Femininum
Sg.	il naso grand**e** *die große Nase*	la casa grand**e** *das große Haus*
Pl.	i nasi grand**i** *die großen Nasen*	le case grand**i** *die großen Häuser*

4.2 Besonderheiten

Adjektive auf *-co/-ca ,-go/-ga, -io/-ia, -cio/-cia*

Diese Adjektive folgen in der Pluralbildung denselben Regeln wie die entsprechenden Substantive (→ Kap. 3.2). Die Adjektive auf *-go* haben allerdings – anders als die Substantive – als maskuline Pluralform immer *-ghi* (z. B. *largo* breit → *larg**h**i*).

Unveränderliche Adjektive

Hierbei handelt es sich hauptsächlich um Farbadjektive,

antracite	*anthrazit*	blu	*blau*	viola	*violett*
beige	*beige*	lilla	*lila*	rosa	*rosa*

sowie um zusammengesetzte Farbbezeichnungen und Fremdwörter:

verde chiaro	*hellgrün*	verde scuro	*dunkelgrün*

i pantaloni **blu**/la giacca **blu**	*die blaue Hose/die blaue Jacke*
i pantaloni grigi**o** chiar**o**	*die hellgraue Hose*
la gonna ross**o** scur**o**	*der dunkelrote Rock*
un vestito molto **chic**	*ein sehr schickes Kleid*

bello und _buono_

Ähnlich wie der Artikel passen sich diese Adjektive in ihren Endungen dem Anfangsbuchstaben des folgenden Substantivs an.
Bello verhält sich vor einem Substantiv wie der bestimmte Artikel (→ Kap. 2.1) bzw. wie *quello* (→ Kap. 8.1):

	Mask. Singular	**Mask. Plural**
vor Kons.	un **bel** posto *ein schöner Ort*	dei **bei** posti *schöne Orte*
vor Vokal	un **bell'**uomo *ein schöner Mann*	dei **begli** uomini *schöne Männer*
vor s+ Kons., z, ps etc.	un bell**o** specchio *ein schöner Spiegel*	dei **begli** specchi *schöne Spiegel*

Die feminine Form kann im Singular vor Vokal zu *bell'* apostrophiert werden:

una bella/bell'amica — *eine schöne Freundin*

Steht *bello* nach dem Substantiv oder allein, bleibt die Grundform erhalten (Mask. Sg. *bello*, Mask. Pl. *belli*):

Questi guanti sono belli. — *Diese Handschuhe sind schön.*

Buono verhält sich im Singular wie der unbestimmte Artikel (→ Kap. 2.1):

Maskulinum		
vor Kons. oder Vokal	un **buon** ristorante un **buon** amico	*ein gutes Restaurant* *ein guter Freund*
vor *s* + Kons. etc.	un buon**o** spumante*	*ein guter Sekt*
Femininum		
vor Kons.	una buon**a** storia	*eine gute Geschichte*
vor Vokal	una **buon'**amica	*eine gute Freundin*

*In der Umgangssprache oft auch *un **buon** spumante*!

Folgt *buono* auf das Substantiv oder wird es prädikativ verwendet, bleibt die Grundform erhalten:

Il ristorante è buon**o**.	*Das Restaurant ist gut.*

4.3 Übereinstimmung mit dem Substantiv

Das Adjektiv richtet sich immer in Genus (Geschlecht) und Numerus (Zahl) nach dem zugehörigen Substantiv,

i ragazz**i** italian**i**	*die italienischen Jungen*
le ragazz**e** italian**e**	*die italienischen Mädchen*

auch wenn es nicht direkt neben dem Substantiv steht (prädikative Verwendung):

La tua amic**a** è simpatic**a**.	*Deine Freundin ist sympathisch.*

Bei maskulinen und femininen Substantiven nebeneinander wird die maskuline Pluralform verwendet:

i ragazzi e le ragazze italian**i**	*die italienischen Jungen und Mädchen*
aber:	
le ragazze italian**e**	*die italienischen Mädchen*

4.4 Stellung des Adjektivs

Das Adjektiv kann vor oder nach dem Substantiv stehen; die meisten Adjektive folgen dem Substantiv; sie sind betont und haben dadurch unterscheidenden Charakter.

Folgende Adjektive stehen immer nach dem Substantiv:

- Adjektive, die die Nation, Religion, Politik, Form oder Farbe bezeichnen:

un libro italiano	*ein italienisches Buch*
il pullover blu	*der blaue Pullover*
il partito comunista	*die kommunistische Partei*

- Partizipien, die als Adjektive verwendet werden:

un prezzo conveniente	*ein angemessener Preis*

- mehrsilbige Adjektive:

una situazione insopportabile	*eine unerträgliche Situation*

- Adjektive, die mit einem Adverb kombiniert werden:

un film molto bello	*ein sehr schöner Film*

Unbetont steht das Adjektiv zwischen Artikel und Substantiv und hat beschreibende Funktion:

una splendida giornata	*ein herrlicher Tag*
un bravo bambino	*ein braves Kind*

Einige Adjektive verändern je nach Stellung ihre Bedeutung: Folgen sie dem Substantiv, behalten sie ihre Grundbedeutung bei, stehen sie vor dem Substantiv haben sie übertragene Bedeutung.

caro	un vino caro	*ein teurer Wein*
	un caro amico	*ein teurer (= lieber) Freund*
certo	una prova certa	*ein sicherer Beweis*
	un certo fascino	*eine gewisse Faszination*
grande	un quadro grande	*ein großes Bild*
	un gran quadro	*ein großartiges Bild*
povero	un uomo povero	*ein armer Mann (ohne Geld)*
	un pover'uomo	*ein armer (= bemitleidenswerter) Mann*
solo	una persona sola	*eine allein stehende Person*
	una sola persona	*eine einzige Person*
vecchio	un amico vecchio	*ein (den Jahren nach) alter Freund*
	un vecchio amico	*ein alter (= langjähriger) Freund*

4.5 Steigerung des Adjektivs

Komparativ

Der regelmäßige Komparativ wird im Italienischen aus *più* bzw. *meno* und dem Adjektiv gebildet:

più bello di/che	*schöner als*
meno bello di/che	*weniger schön als*

„Als" und „wie" beim Vergleich werden im Italienischen durch *di, che* bzw. *come* und *quanto* ausgedrückt.
Di wird verwendet, wenn zwei Substantive oder Pronomen miteinander verglichen werden:

Pia è più intelligente **di** Marco/lui.	*Pia ist intelligenter als Marco/er.*

Werden zwei Adjektive, zwei präpositionale Ausdrücke, Adverbien oder Verben miteinander verglichen, gibt man „als" mit *che* wieder:

Marco è più furbo **che** intelligente.	*Marco ist eher schlau als intelligent.*
In Italia fa più caldo **che** in Germania.	*In Italien ist es wärmer als in Deutschland.*
Meglio tardi **che** mai.	*Besser spät als nie.*

Bei Gleichheit der Eigenschaften steht im Italienischen für „(ebenso, genauso) wie" *(così) … come* oder *(tanto) … quanto*; *così* bzw. *tanto* können auch entfallen:

Marco è (**così**) simpatico **come** Gianna. — *Marco ist genauso sympathisch wie Gianna.*

Superlativ
Das Italienische unterscheidet zwischen dem relativen und dem absoluten Superlativ. Der **relative Superlativ** wird aus dem bestimmten Artikel, *più* und dem Adjektiv gebildet; *più* + Adjektiv kann ohne Bedeutungsunterschied vor oder nach dem Substantiv stehen:

il **più bel** libro/il libro **più bello** — *das schönste Buch*

Der **absolute Superlativ** bildet sich durch die Endung *-issimo*, die an den Stamm (d. h. ohne Endung *-o*, *-a*, bzw. *-e*, z.B. *bell-issimo*, *grand-issimo*) angefügt wird. Stattdessen ist auch die Umschreibung mit *molto* + Adjektiv möglich:

Bologna è una città **bellissima** (= **molto bella**). — *Bologna ist eine wunderschöne Stadt.*

Unregelmäßige Steigerung
Einige Adjektive haben neben ihren regelmäßigen Steigerungsformen auch unregelmäßige Formen:

Grundform	Komparativ	rel. Superlativ	abs. Superlativ
buono *gut*	migliore *besser*	il migliore *der beste*	ottimo *sehr gut*
cattivo *schlecht*	peggiore *schlechter*	il peggiore *der schlechteste*	pessimo *sehr schlecht*
grande *groß*	maggiore* *größer, älter, bedeutender*	il maggiore* *der größte, älteste, etc.*	massimo* *größte, höchste*
piccolo *klein*	minore* *kleiner, jünger*	il minore* *der kleinste, jüngste*	minimo* *mindeste, geringste*

* Diese Formen haben meist übertragene Bedeutung, während die regelmäßigen in der Grundbedeutung verwendet werden.

Il vino è ottimo/buonissimo. — *Der Wein ist sehr gut.*
Senza il minimo pudore. — *Ohne das geringste Schamgefühl.*

5 Adverb

5.1 Formen

Neben den ursprünglichen, unveränderlichen Adverbien (z.B. *qui* hier, *subito* sofort) gibt es im Italienischen vom Adjektiv abgeleitete, ebenfalls unveränderliche Adverbien. Diese Adverbien bezeichnen in der Regel die Art und Weise einer Handlung näher. Gebildet werden sie, indem an den Singular des Femininums die Endung *-mente* angefügt wird. Bei den Adjektiven auf *-o/-a* lautet das Adverb dann:

strano	stran**a-mente**	*seltsam*
tranquillo	tranquill**a-mente**	*ruhig*

Bei den Adjektiven auf *-e* wird *-mente* direkt an den Singular angehängt:

corrente	corrent**e-mente**	*fließend*

Bei den Adjektive auf *-le* und *-re* entfällt der Endvokal *-e* vor *-mente*:

facile	facil**mente**	*leicht*
particolare	particolar**mente**	*besonders*

Folgende Adjektive bilden das Adverb unregelmäßig:

buono	**bene**	*gut*
cattivo	**male**	*schlecht*

molto, poco, troppo

Die Zahladjektive *molto* viel, *poco* wenig, *troppo* zu viel, werden im Mask. Sg. auch als Adverbien verwendet. Als Adverb bedeutet *molto* sehr, *poco* nicht sehr, wenig, *troppo* zu (sehr).

Sto **molto** bene.	*Es geht mir sehr gut.*
È **troppo** bello per essere vero.	*Es ist zu schön um wahr zu sein.*

5.2 Stellung und Anwendung

Das Adverb bestimmt eine Handlung, ein Verb, ein Adjektiv oder ein anderes Adverb näher. Unterschieden wird zwischen folgenden Adverbtypen:

Adverbien der Art und Weise

Sto **bene**/**male**.	*Es geht mir gut/schlecht.*
Il test è particolar**mente** difficile.	*Der Test ist besonders schwierig.*

Diese Adverbien stehen meist nach dem Verb.

Adverbien des Ortes

Qui sto bene.	*Hier geht es mir gut.*
L'ascensore è **lì**.	*Der Aufzug ist dort.*

Die Adverbien des Ortes stehen in der Regel am Satzanfang oder -ende.

Adverbien der Zeit

Oggi/stasera ho molto da fare.	*Heute/heute Abend habe ich viel zu tun.*
Marco lavora **sempre** troppo.	*Marco arbeitet immer zu viel.*
I Rossi sono **già**/non sono **ancora** arrivati.	*Die Rossis sind schon/noch nicht angekommen.*
Ci vediamo **domani**.	*Wir sehen uns morgen.*

Die Adverbien der bestimmten Zeit stehen meist am Satzanfang oder -ende, die der unbestimmten Zeit nach dem Verb. *Già* und *ancora* stehen bei den zusammengesetzten Zeiten zwischen Hilfsverb und Partizip.

Adverbien der Mengenangabe

Questa camicia è **troppo** cara, ma mi piace **molto**.	*Dieses Hemd ist zu teuer, aber es gefällt mir sehr.*
Ho lavorato **tanto**.	*Ich habe viel gearbeitet.*

Diese Adverbien stehen in der Regel nach dem Verb.

5.3 Steigerung des Adverbs

Regelmäßige Steigerung

Wie die Adjektive bilden die Adverbien den Komparativ mit *più*; der Superlativ ergibt sich aus dem Fem. Sg. des adjektivischen Superlativs und der Endung *-mente;* die Umschreibung mit *molto* + Grundform ist jedoch gebräuchlicher:

Grundform	Komparativ	Superlativ
facilmente *leicht*	più facilmente *leichter* meno facilmente *weniger leicht*	molto facilmente facil**issimamente** *sehr leicht*

Unregelmäßige Formen

Einige unregelmäßige Adverbien bilden auch den Komparativ – ähnlich wie die zugehörigen Adjektive – unregelmäßig; den Superlativ bilden sie nach den Regeln der Adjektive (→ Kap. 4.5): An den Stamm des Adverbs wird direkt *-issimo* angehängt.

Grundform		Komparativ		Superlativ	
bene	*gut*	meglio	*besser*	benissimo	*sehr gut*
male	*schlecht*	peggio	*schlechter*	malissimo	*sehr schlecht*
molto	*viel/sehr*	più	*mehr*	moltissimo	*sehr viel*
poco	*wenig*	meno	*weniger*	poc**h**issimo	*sehr wenig*

Sto meglio/peggio.	*Es geht mir besser/schlechter.*
Stanotte ho dormito malissimo.	*Heute Nacht habe ich sehr schlecht geschlafen.*
Ho mangiato benissimo.	*Ich habe sehr gut gegessen.*

6 Zahlen

6.1 Grundzahlen

0	zero	20	venti	100	cento
1	uno	21	ven**tuno**	101	cent**ouno**
2	due	22	ventidue	200	duecento
3	tre	23	ventitré	300	trecento
4	quattro	24	ventiquattro	400	quattrocento
5	cinque	25	venticinque	500	cinquecento
6	sei	26	ventisei	600	seicento
7	sette	27	ventisette	700	settecento
8	otto	28	ven**totto**	800	ottocento
9	nove	29	ventinove	900	novecento
10	dieci	30	trenta	1.000	mille
11	undici	31	tren**tuno**	1.001	mille**uno**
12	dodici	32	trentadue	2.000	due**mila**
13	tredici	38	tren**totto**	10.000	dieci**mila**
14	quattordici	40	quaranta	20.000	venti**mila**
15	quindici	50	cinquanta	100.000	cento**mila**
16	sedici	60	sessanta	1.000.000	un milione
17	dicia**ss**ette	70	settanta	2.000.000	due milion**i**
18	diciotto	80	ottanta	1.000.000.000	un miliardo
19	dicia**nn**ove	90	novanta	2.000.000.000	due miliard**i**

Die Grundzahlen werden meist auf der vorletzten Silbe betont; Ausnahmen sind durch Unterstreichungen gekennzeichnet. Sie sind bis auf *uno*, *mille*, *milione*, *miliardo* unveränderlich; alle Grundzahlen sind maskulin, nur *uno* passt sich wie der unbestimmte Artikel (→ Kap. 2.1) seinem Beziehungswort an (z.B. *una volta*, einmal). Die mit *uno* zusammengesetzten Zahlen existieren jedoch nur im Mask. Sg. und können bei nachfolgendem Substantiv den Endvokal verlieren:

il ventun marzo — *der 21. März*

Folgt bei den Zahlen von 20 bis 90 *uno* oder *otto*, entfällt der Endvokal der vorangehenden Zahl (*ven**tuno***, *tren**totto*** etc.). Ab *cento* bleibt der Endvokal jedoch erhalten (*cent**ouno***).

6.2 Gebrauch der Grundzahlen

1. Uhrzeit

Die Uhrzeit wird mit den Grundzahlen ausgedrückt. Das Verb steht meist im Plural, vor die Uhrzeit ist immer der bestimmte Artikel im Fem. Pl. ***le*** zu setzen:

Che ore sono?/Che ora è?	*Wie spät ist es?*
Sono **le** cinque (5.00/17.00).	*Es ist fünf Uhr.*
aber:	
È mezzogiorno/mezzanotte.	*Es ist 12.00 Uhr/24 Uhr.*
È l'una.	*Es ist ein Uhr.*

Minuten, Viertelstunden etc. werden mit *e* verknüpft:

Sono le cinque **e** dieci.	*Es ist zehn nach fünf.*
Sono le cinque **e** un quarto.	*Es ist Viertel nach fünf.*
Sono le cinque **e** mezzo/a.	*Es ist halb sechs.*

Ab fünfundzwanzig Minuten vor der vollen Stunde wird die Uhrzeit mit *meno* (wörtl. „weniger") angegeben:

Sono le sei **meno** venticinque.	*Es ist fünf nach halb sechs.*
Sono le sei **meno** un quarto.	*Es ist Viertel vor sechs.*

2. Jahresangabe

Das Jahr wird mit *nel* (< *in* + *il* → Kap. 2.3) angegeben:

nell'anno 1998/nel 1998	*im Jahr 1998/1998*

3. Datum

Das Datum wird bis auf den Monatsersten mit den Grundzahlen ausgedrückt:

È nata il due aprile 1969.	*Sie ist am 2. April 1969 geboren.*
aber:	
Oggi è il **primo** novembre.	*Heute ist der 1. November.*

In Briefen entfällt der Artikel:

Roma, 15/11/98	*Rom, den 15.11.98*

4. Alter

Quanti anni **hai**? –	*Wie alt bist du? –*
Ho trentun anni.	*Ich bin 31 Jahre alt.*

Bei der Altersangabe wird das Verb *avere* verwendet.

6.3 Ordnungszahlen

1°	primo	11°	undicesimo	23°	ventit**ree**simo
2°	secondo	12°	dodicesimo	26°	venti**seie**simo
3°	terzo	13°	tredicesimo	30°	trentesimo
4°	quarto	14°	quattordicesimo	40°	quarantesimo
5°	quinto	15°	quindicesimo	50°	cinquantesimo
6°	sesto	16°	sedicesimo	60°	sessantesimo
7°	settimo	17°	diciassettesimo	70°	settantesimo
8°	ottavo	18°	diciottesimo	80°	ottantesimo
9°	nono	19°	diciannovesimo	90°	novantesimo
10°	decimo	20°	ventesimo	100°	centesimo

Die Ordnungszahlen richten sich nach ihrem Bezugswort; werden sie in Zahlen dargestellt, wird der letzte Buchstabe hoch gestellt:

la 2ª (seconda) volta — *das zweite Mal*
il 1° (primo) piano — *die erste Etage*

6.4 Gebrauch der Ordnungszahlen

1. Jahrhundert

il 13° (tredicesimo) secolo — *das 13. Jahrhundert*

Bei der Angabe des Jahrhunderts wird oft folgende Form vorgezogen:

il '900 (Novecento) — *das 20. Jahrhundert*

2. Könige, Kaiser, Päpste

Napoleone III (terzo) — *Napoleon III.*
Giovanni Paolo II (secondo) — *Johannes Paul II.*

7 Personalpronomen

7.1 Subjektpronomen

1. Formen

Singular		Plural	
io	*ich*	noi	*wir*
tu	*du*	voi/Voi	*ihr/Sie*
lui/lei/Lei	*er/sie/Sie*	loro (Loro)	*sie (Sie)*

Das Italienische unterscheidet unabhängig vom Genus zwischen der Höflichkeitsform im Singular (*Lei*) und einer Pluralform (*Voi*; *Loro* wird als sehr formell empfunden und im täglichen Gebrauch weitgehend durch *Voi* ersetzt).

2. Gebrauch

Das Subjektpronomen ersetzt im Gesprächs- oder Textzusammenhang ein schon bekanntes oder vorher genanntes Subjekt (Name, Substantiv). Im Gegensatz zum Deutschen werden die Subjektpronomina nur bei starker Betonung (z.B. bei einem Gegensatz) verwendet.

Vado a casa.	*Ich gehe nach Hause.*
Io vado a casa.	*Ich gehe nach Hause* (was du machst, weiß ich nicht).

Zum Gebrauch beim Konjunktiv → Kap. 20.1.

7.2 Direktes Objektpronomen

1. Formen

	unbetont	betont
mich	mi	me
dich	ti	te
ihn/sie/Sie	lo/la/La	lui/lei/Lei
uns	ci	noi
euch/Sie	vi/Vi	voi
sie	li (Mask.)/le (Fem.)	loro

2. Gebrauch

Das direkte Objektpronomen ersetzt ein Substantiv, das auf die Frage „Wen oder was?" stehen würde: das Akkusativ- oder direkte Objekt. Im Italienischen unterscheidet man zwischen den unbetonten Formen, die im Normalfall verwendet werden, und den betonten, die bei besonderem Akzent Anwendung finden. Das unbetonte Pronomen steht vor dem Verb, das betonte danach oder am Satzende.

La vedo spesso.	*Ich sehe sie oft.*
Vedo spesso lei.	*Sie sehe ich oft* (ihn nicht).

Die betonten Formen werden außerdem nach Präpositionen, nach *come, quanto, secondo* und in Ausrufen verwendet:

Vieni al cinema **con noi**?	*Kommst du mit uns ins Kino?*
una donna come **te**	*eine Frau wie du*
secondo **me**	*meiner Meinung nach*
Beata **te**!	*Du Glückliche!*

Das unbetonte Pronomen in der 3. Person wird im Singular vor Vokal und *h* zu *l'* apostrophiert; in den zusammengesetzten Zeiten wird die Partizipendung an das direkte Objektpronomen angeglichen:

L'ho incontrat**a** ieri.	*Ich habe sie gestern getroffen.*
Li ho incontrat**i** ieri.	*Ich habe sie* (Mask.) *gestern getroffen.*
Le ho incontrat**e** ieri.	*Ich habe sie* (Fem.) *gestern getroffen.*

i *Lo* kann auch die Bedeutung „es" haben:

Non lo so.	*Ich weiß **es** nicht.*

7.3 Indirektes Objektpronomen

1. Formen

	unbetont	**betont**
mir	mi	a me
dir	ti	a te
ihm/ihr/Ihnen	gli/le/Le	a lui/a lei/a Lei
uns	ci	a noi
euch/Ihnen	vi/Vi	a voi/a Voi
ihnen/(Ihnen)*	loro/(Loro*)	a loro/(Loro*)

* Die Höflichkeitsform *Loro* „Ihnen" wird in sehr formellen Situationen gebraucht.

Anstelle von *loro* wird im gesprochenen Italienisch auch oft *gli* verwendet. Die Stellung ist jedoch unterschiedlich: *Gli* steht vor dem Verb und ist vom Maskulinum Singular nur aus dem Kontext zu unterscheiden, *loro* steht hingegen nach dem Verb:

	Gli hai dato il tuo numero di telefono?	*Hast du ihnen (ihm) deine Telefonnummer gegeben?*
oder:	Hai dato **loro** ...?	*Hast du ihnen ... gegeben?*

2. Gebrauch

Das indirekte Objektpronomen ersetzt ein schon genanntes oder bekanntes Substantiv, das auf die Frage „Wem?" stehen würde: das Dativ- bzw. indirekte Objekt. Wie bei den direkten Objektpronomen steht die betonte Form nur bei besonderem Akzent. Das unbetonte Pronomen steht vor dem Verb, das betonte am Satzanfang oder -ende.

Mi fai un favore?	*Tust du mir einen Gefallen?*
A noi non pensi mai.	*An uns denkst du nie.*

7.4 Reflexivpronomen

Singular		Plural	
mi	*mich*	ci	*uns*
ti	*dich*	vi	*euch*
si*	*sich*	si*	*sich*

* Außer in der 3. Pers. Sg. wird bei den Reflexivpronomina nicht zwischen betonten und unbetonten Formen unterschieden; die betonte Form *sé* wird vor allem nach Präpositionen verwendet:

Pensa solo a sé stesso.	*Er denkt nur an sich selbst.*

Das Reflexivpronomen wird wie im Deutschen nur im Zusammenhang mit bestimmten Verben (den reflexiven Verben) verwendet. Es steht vor dem konjugierten Verb (zur Stellung beim Infinitiv, Gerundium und Imperativ → Kap. 7.7):

Mi sveglio la mattina presto.	*Ich wache morgens früh auf.*
Ti sei lavato?	*Hast du dich gewaschen?*

Im Gebrauch mit einem Modalverb steht es vor diesem oder wird direkt an den Infinitiv (ohne *-e*) angehängt:

Domani **mi** voglio alzare presto. oder: ...voglio alzar**mi** ...	*Morgen will ich früh aufstehen.*

Zum Perfekt der reflexiven Verben → Kap. 15.1, Perfekt mit *essere*.

7.5 Pronominaladverbien *ci* und *ne*

1. *ci*

Ci steht für einen präpositionalen Ausdruck mit *a* (daran, darum, darauf etc.):

Ci penso io (p.es. alle spese).	***Darum*** *kümmere ich mich (z.B. um den Einkauf).*
Ci vai tu (p.es. al telefono)?	*Gehst du* ***hin*** *(z.B. ans Telefon)?*
Non **ci** credo.	***Das*** *glaube ich nicht.*

Ci kann auch für eine Ortsangabe mit *da, in, su, per* (dort, dorthin) stehen:

▪ Sei già stato in Italia?	*Bist du schon in Italien gewesen? –*
▲ Sì, **ci** sono già stato due volte.	*Ja, ich bin* ***dort*** *schon zweimal gewesen.*
▪ Sei andato dal dentista?	*Bist du zum Zahnarzt gegangen? –*
▲ No, **ci** vado domani.	*Nein, ich gehe morgen* ***dorthin****.*

Folgende Verben haben in Kombination mit *ci* eine besondere Bedeutung:

entrare *(betreten)*	→	**entrarci** *(damit zu tun haben)*
Che c'entro io?		*Was habe ich damit zu tun?*
essere *(sein)*	→	**esserci** *(vorhanden/da sein)*
C'è ancora del latte?		*Ist noch Milch da?*
volere *(wollen)*	→	**volerci** *(nötig sein, brauchen)*
Ci vogliono due ore.		*Man braucht zwei Stunden.*
stare *(stehen)*	→	**starci** *(mitmachen)*
Ci state?		*Macht ihr mit?*

2. *ne*

Ne ersetzt einen präpositionalen Ausdruck mit *di* oder *da* (dazu, damit etc.). Es steht direkt vor dem Verb:

▪ Che dici **di** questa idea?	*Was sagst du* ***zu*** *dieser Idee?*
▲ Che **ne** dico? **Ne** sono molto contento.	*Was ich* ***dazu*** *sage? Ich bin* ***damit*** *sehr zufrieden.*

Bei Mengenangaben hat *ne* die Bedeutung „davon" – im Deutschen wird es meist nicht übersetzt; in den zusammengesetzten Zeiten muss das Partizip an das durch *ne* ersetzte Wort angeglichen werden.

▪ Quante mele hai comprato?	*Wie viele Äpfel hast du gekauft?*
▲ **Ne** ho comprat**e** tre.	*Ich habe drei (****davon****) gekauft.*
▲ **Ne** ho comprat**a** una.	*Ich habe einen gekauft.*

Als Ortsangabe kann *ne* einen Ausdruck mit der Präposition *da* ersetzen, es hat dann die Bedeutung „von dort".

■ Sei stato a Roma?	*Warst du in Rom? – Ich bin gerade*
▲ **Ne** sono appena tornato.	***von dort** zurückgekehrt.*

7.6 Kombinierte Formen unbetonter Personalpronomina

Das unbetonte indirekte Objektpronomen, das Reflexivpronomen sowie das Pronominaladverb ci verbinden sich mit dem unbetonten direkten Objektpronomen der 3. Person und dem Pronominaladverb ne zu folgenden Formen:

+	**lo**	**la**	**li**	**le**	**ne**
mi	me lo	me la	me li	me le	me ne
ti	te lo	te la	te li	te le	te ne
gli/le/Le	glielo	gliela	glieli	gliele	gliene
ci	ce lo	ce la	ce li	ce le	ce ne
vi	ve lo	ve la	ve li	ve le	ve ne
loro	lo ... loro	la ... loro	li ... loro	le ... loro	ne ... loro
gli	glielo	gliela	glieli	gliele	gliene
si*	se lo	se la	se li	se le	se ne
ci *(dort)*	ce lo	ce la	ce li	ce le	–

* Handelt es sich jedoch um das unpersönliche *si* „man" (→ Kap. 24), steht zuerst das unbetonte Objektpronomen:

Lo si vede.	*Man sieht es.*
Mi si dice ...	*Man sagt mir ...*

Das indirekte Objektpronomen geht dem direkten voraus (nicht bei *loro*) und wird bis auf die 3. Person vom folgenden Pronomen getrennt geschrieben. Die Kombinationsformen stehen direkt vor dem Verb; in den zusammengesetzten Zeiten wird das Partizip an das direkte Objektpronomen angeglichen:

Te lo do subito.	*Ich gebe es dir sofort.*
Te **li** ho già dat**i**.	*Ich habe sie dir schon gegeben.*
L'ho detto **loro** = gliel'ho detto.	*Ich habe es ihnen gesagt.*

7.7 Besonderheiten bei der Stellung unbetonter Personalpronomina

Unbetonte Personalpronomina bzw. ihre Kombinationen sowie die Pronominaladverbien werden direkt angehängt

- an den Imperativ, mit Ausnahme der 3. Pers. Sing. und Plural (→ Kap. 22):

Dam**melo**!	*Gib es mir!*
Dim**mi**!	*Sprich (zu mir)!*
Dite**ci** la verità!	*Sagt uns die Wahrheit!*
Facciamo**lo!**	*Machen wir es!*

Bei den verkürzten Imperativen wie *da'* wird der Anfangsbuchstabe des Pronomens verdoppelt.

- an den verneinten Imperativ oder an den Infinitiv ohne Endvokal *-e* (→ Kap. 22; 25):

Non dir**melo**! = Non **me lo** dire!	*Sag es mir nicht!*
Devo parlar**ti**. = **Ti** devo parlare.	*Ich muss mit dir reden.*

- an das Gerundium (→ Kap. 26):

Pensando**ci** bene, non mi va di uscire.	*Wenn ich genau darüber nachdenke, habe ich keine Lust auszugehen.*

8 Demonstrativpronomen

8.1 Formen

	Mask. Sg.	Mask. Pl.	Fem. Sg.	Fem. Pl.
dieser (hier) *dieser dort* *derselbe*	questo* quello stesso	questi quelli stessi	questa* quella stessa	queste quelle stesse
dies	ciò *(unveränderlich)*			

* Vor Vokal bei adjektivischem Gebrauch können die Endvokale auch wegfallen:

quest'albergo *dieses Hotel* quest'arancia *diese Orange*

Für *quello* als Pronomen gelten die Formen in obiger Tabelle. Als Adjektiv passt es sich wie der bestimmte Artikel (→ Kap. 2.1) an den Anfangsbuchstaben des Substantivs an:

Maskulinum	**Singular**	**Plural**
vor Kons. vor Vokal vor *s* + Kons.	quel libro quell'albergo quello zaino	quei libri quegli alberghi quegli zaini
Femininum	**Singular**	**Plural**
vor Kons. vor Vokal	quella camera quell'amica	quelle camere quelle amiche

8.2 Gebrauch

Strenger als im Deutschen wird im Italienischen bei den Demonstrativpronomina zwischen Nähe und Distanz zum Sprechenden unterschieden.

questo – dieser

Questo weist auf Personen oder Sachen hin, die sich in unmittelbarer räumlicher oder zeitlicher Nähe des Sprechenden befinden. Es kann adjektivisch oder als Pronomen gebraucht werden.

Ti piace quest**a** camicia?	*Gefällt dir dieses Hemd?*
Quest'anno ho passato le vacanze in Inghilterra.	*Dieses Jahr habe ich die Ferien in England verbracht.*
Quest**i** sono i miei amici.	***Das** sind meine Freunde.*

quello – jener, dieser dort

Quello wird verwendet, um auf Personen oder Sachen hinzuweisen, die sich in räumlicher oder zeitlicher Distanz zu beiden Gesprächspartnern befinden. Es kann ebenfalls als Adjektiv oder Pronomen verwendet werden.

Vedi **quel** tipo?	*Siehst du diesen Typ dort?*
Vorrei provare **quei** pantaloni. – Quali? **Quelli** rossi?	*Ich möchte diese Hose dort anprobieren. – Welche? Die rote dort?*

ciò – dies

Ciò hat die neutrale Bedeutung „dies, das". Es kann für *questo* oder *quello* stehen:

Fate ciò (=quello) che volete.	*Macht (das), was ihr wollt.*
Ciò (=questo) è strano.	*Das ist seltsam.*
cioè	*das heisst*

stesso – derselbe

Stesso kann sowohl als Adjektiv als auch als Pronomen verwendet werden:

Abbiamo gli stessi amici.	*Wir haben dieselben Freunde.*
Dice sempre lo stesso.	*Er/sie sagt immer dasselbe.*

Folgt es auf das Bezugswort, hat es die Bedeutung „selbst":

io stesso/a	*ich selbst*
i genitori stessi	*die Eltern selbst*

Als Adverb bedeutet *lo stesso „trotzdem"*:

Vengo lo stesso.	*Ich komme trotzdem.*

9 Possessivpronomen

	Mask. Sg.	Mask. Pl.	Fem. Sg.	Fem. Pl.
mein	mio	mi**ei**	mia	mie
dein	tuo	tu**oi**	tua	tue
sein, ihr	suo	su**oi**	sua	sue
*Ihr**	Suo	Su**oi**	Sua	Sue
unser	nostro	nostri	nostra	nostre
*euer/Ihr**	vostro/Vostro	vostri/Vostri	vostra/Vostra	vostre/Vostre
*ihr/Ihr **	loro/Loro *(unveränderlich)*			

* Im Italienischen gibt es nur eine Form für „sein" und „ihr". Die Formen von *suo* richten sich also nur nach dem Genus des Bezugswortes. In der Höflichkeitsform wird jedoch wie bei allen anderen Pronomina zwischen einer Person oder mehreren unterschieden, *Suo* (eine Person) bzw. *Vostro* (mehrere Personen). *Loro* wird immer seltenerer und nur in sehr formellem Rahmen verwendet.

Die Possessivpronomina werden (außer *loro*) wie die Adjektive auf *-o/-a* an ihr Bezugswort angeglichen. Sie werden vom bestimmten Artikel begleitet und bezeichnen ein Besitzverhältnis.

Ha chiamato **la tua** amica Silvia. — *Deine Freundin Silvia hat angerufen.*
La loro casa mi piace molto. — *Ihr Haus gefällt mir sehr.*

Der bestimmte Artikel fehlt hingegen

- bei Anreden:

  Mia cara! — *Meine Liebe!*

- bei Verwandtschaftsbezeichnungen im Singular:

  mio padre — *mein Vater*; mia sorella — *meine Schwester*

  aber: im Plural, im Singular mit Adjektiven oder bei Kosenamen sowie bei *loro* steht immer der Artikel:

  le mie sorelle — *meine Schwestern*; la mia mammina — *meine Mutti*
  la mia sorella maggiore — *meine ältere Schwester*; la loro madre — *ihre Mutter*

- in bestimmten Wendungen:

  a casa mia — *bei mir zuhause*
  da parte mia — *von mir/meinerseits*

10 Indefinitpronomen

Das Indefinitpronomen ergänzt bzw. ersetzt Personen oder Sachen, die nicht näher bestimmt werden können oder sollen. Sie werden entweder nur adjektivisch, nur pronominal oder in beiden Funktionen verwendet.

10.1 Übersicht

Die wichtigsten Indefinitpronomina im Überblick:

Adjektiv	
qualche	*irgendein, einige*
ogni	*jeder, alle*
qualsiasi, qualunque	*jeder (beliebige)*
alcuno/-a	*irgendein*
Pronomen	
uno/-a	*irgendjemand, einer*
qualcuno/-a	*irgendjemand, irgendeiner*
qualcosa, qualche cosa	*irgendetwas*
ognuno/-a	*jeder*
chiunque	*jeder (beliebige)*
niente, nulla	*nichts*
Adjektiv oder Pronomen	
alcuni/-e	*einige*
altro/-a/-i/-e	*ein anderer*
certo/-a/-i/-e	*ein gewisser*
ciascuno/-a	*jeder*
tutto/-a/-i/-e	*jeder, ganz, alle*
nessuno/-a	*niemand, kein(er)*
poco/-a/-i/-e	*wenig*
molto/-a/-i/-e	*viel*
tanto/-a/-i/-e	*sehr viel*
parecchio/-a/-i/-e	*ziemlich viel*
troppo/-a/-i/-e	*zu viel*

10.2 Gebrauch

irgendein – irgendjemand – irgendetwas

Alcuno – im Singular nur als Adjektiv verwendet – hat die Bedeutung „irgendein" und steht nur bei Verneinung oder negativen Ausdrücken.

Uno „irgendjemand", *qualche cosa, qualcosa* „irgendetwas" und *qualcuno* „irgendjemand" werden nur als Pronomen verwendet und sind mit Ausnahme von *uno/-a* unveränderlich:

senza alcuna ragione	*ohne irgendeinen/jeglichen Grund*
Ha chiamato uno ...	*Es hat jemand/einer angerufen ...*
Qualcuno ti ha cercato.	*Es hat dich jemand gesucht.*
Vuoi bere qualcosa?	*Willst du etwas trinken?*

einige, manche

Alcuni/-e wird nur im Plural verwendet und passt sich, wenn es nicht pronominal gebraucht wird, seinem Bezugswort an. *Qualche* ist unveränderlich und verlangt immer ein Bezugswort im Singular:

alcune volte = qualche volta	*manchmal*
alcuni giorni = qualche giorno fa	*vor einigen Tagen*
Alcuni sostengono che ...	*Einige behaupten, dass ...*

ein anderer

Wenn es mit Bezugswort steht, passt sich *altro* diesem an:

l'altra casa	*das andere Haus*

Ohne bestimmten Artikel bedeutet *altro* meist „weiterer, noch ein"

Vuole un'altra birra?	*Wollen Sie noch ein Bier?*
Desidera altro?	*Wünschen Sie noch etwas?*
senz'altro	*ohne weiteres*

Weitere Wendungen mit *altro*:

l'altro giorno	*neulich*	l'altro ieri	*vorgestern*
tra l'altro	*unter anderem*	tutt'altro	*im Gegenteil*

jeder – alle – ganz

Folgende Indefinitpronomina stehen immer mit Bezugswort (meist im Sg.) und sind unveränderlich:

a) *ogni*

ogni giorno = tutti i giorni	*jeden Tag*
ogni volta	*jedesmal*
aber: ogni due giorni	*jeden zweiten Tag*

b) *qualsiasi* und *qualunque*

Puoi chiamare a qualsiasi ora/ qualunque ora.	*Du kannst jederzeit (zu jeder beliebigen Uhrzeit) anrufen.*

Nur als Pronomen werden verwendet:
a) *ognuno/-a*

Ognuno lo sa.	*Jeder weiß es.*

b) *chiunque*

Chiunque farebbe lo stesso.	*Jeder (x-beliebige) würde dasselbe tun.*

Sowohl adjektivisch als auch pronominal werden verwendet:
a) *ciascuno/-a*
Als Adjektiv gleicht es sich wie der unbestimmte Artikel (→ Kap. 2.1) an und ist gleichbedeutend mit *ognuno*.

A ciascuno il suo.	*Jedem das Seine.*
ciascun'amica	*jede Freundin*

b) *tutto/-a/-i/-e*
Im Singular bedeutet *tutto* „ganz". In der Verwendung als Adjektiv steht es immer **vor** dem bestimmten Artikel; mit Adjektiv passt es sich diesem an. Steht *tutto* alleine, hat es die Bedeutung „alles":

tutto **il** giorno	*den ganzen Tag*
Anna diventò tutt**a** rossa.	*Anna wurde ganz rot.*
So tutto.	*Ich weiß alles.*

Tutto im Plural hat die Bedeutung „alle" bzw. „jeder". Im Gegensatz zu *ogni* wird es bei adjektivischem Gebrauch immer vom bestimmten Artikel begleitet, der zwischen *tutti/-e* und dem Bezugswort steht. Als Pronomen steht es allein.

tutti **i** giorni	*alle Tage, jeden Tag*
tutti e due	*alle beide*
Tutti mi guardavano.	*Alle sahen mich an.*

niemand – kein – nichts

Von *nessuno* „niemand, kein" existieren nur Singularformen. Als Adjektiv verhält es sich wie der unbestimmte Artikel (→ Kap. 2.1), es kann auch als Pronomen verwendet werden. In der Regel folgt *nessuno* auf das Verb, das zusätzlich verneint werden muss (→ Kap. 29.2):

Non ha ness**un** amico.	*Er/sie hat keinen (einzigen) Freund.*
Non è venuto nessuno.	*Es ist niemand gekommen.*

Niente „nichts" ist gleichbedeutend mit *nulla* – beide sind unveränderlich und werden nur pronominal verwendet. Beachten Sie, dass auch hier die doppelte Verneinung zwingend ist (→ Kap. 29.2).

Non posso fare niente/nulla.	*Ich kann nichts tun.*

In der Umgangssprache wird *niente* in Ausrufen und verkürzten Sätzen auch mit Substantiv verwendet:

Niente paura!	*Keine Angst!*

wenig – viel – zuviel

Diese Indefinitpronomina können sowohl als unbestimmte Zahladjektive als auch als Pronomina verwendet werden:

Ha pochi amici.	*Er/sie hat wenige Freunde.*
Molti volevano venire.	*Es wollten viele kommen.*
Hanno parecchi soldi.	*Sie haben ziemlich viel Geld.*
Ho mangiato troppo.	*Ich habe zu viel gegessen.*

ein gewisser

Im Singular wird *certo* nur adjektivisch verwendet, im Plural steht es auch ohne Bezugswort:

una certa persona	*eine gewisse Person*
Certe cose non si fanno.	*Gewisse Dinge tut man nicht.*
Certi dicono che …	*Gewisse Leute/manche sagen, dass …*

11 Interrogativpronomen

11.1 Fragen nach Personen und Sachen

chi? – wer/wen?

Chi ist unveränderlich und wird nur für Personen verwendet. Es steht auch mit Präpositionen (*di chi* wessen, über wen?, *a chi* wem?), immer ohne Bezugswort.

Chi ha chiamato?	*Wer hat angerufen?*
Chi hai chiamato?	*Wen hast du angerufen?*
Di chi state parlando?	*Über wen redet ihr gerade?*
A chi lo dici!	*Wem sagst du das!*

che/che cosa/cosa? – was?

Che, che cosa und *cosa* sind gleichbedeutend und unveränderlich. *Cosa* (vor Vokal oder *h* oft zu *cos'* verkürzt) und *che* werden jedoch nur in der gesprochenen Sprache verwendet.

Che cosa avete fatto?	*Was habt ihr gemacht?*
Che cosa desidera?	*Was möchten Sie?*
Che fai stasera?	*Was machst du heute Abend?*
Cos' hai detto?	*Was hast du gesagt?*

che? – welcher, welche, welches?

Che wird in der Bedeutung „welcher?" immer von einem Substantiv begleitet, es ist ebenfalls unveränderlich.

Che lavoro fai?	*Welchen Beruf hast du?*
Che autobus prendi?	*Welchen Bus nimmst du?*
A che pagina?	*Auf welcher Seite?*

i *Che* kann auch in Ausrufen in Kombination mit Adjektiven oder Substantiven gebraucht werden: Che bello! *Wie schön!*

quale? – welcher, welche, welches?

Quale? (Mask. und Fem. Sg.), *quali?* (Mask. und Fem. Pl.) bezieht sich auf Personen und Dinge und kann als Adjektiv oder auch als Pronomen verwendet werden:

Qual**e** maglietta scegli?	*Welches T-Shirt wählst du?*
Qual**i** sono le tue scarpe?	*Welche sind deine Schuhe?*
Qual**i** vuoi? Questi o quelli?	*Welche willst du? Diese hier oder diese dort?*

11.2 Fragen nach Grund, Ort, Zeit, Menge, Art und Weise

- Grund – **warum?**

Perché non sei venuto?	*Warum bist du nicht gekommen?*

In der gesprochenen Sprache oft auch:

Come mai non vieni anche tu?	*Warum kommst nicht auch du?*

- Ort – **wo? wohin? woher?**

Dove sono le mie chiavi?	*Wo sind meine Schlüssel?*
Dove vai?	*Wohin gehst du?*
Di dove sei?/Da dove vieni?	*Woher kommst du?*

- Zeit – **wann? seit wann? wie lange?**

Quando vieni?	*Wann kommst du?*
A che ora ci vediamo?	*Wann (um wie viel Uhr) sehen wir uns?*
Da quando/da quanto tempo abita qui?	*Seit wann wohnt er/sie hier?*
Quanto (tempo) rimanete in Italia?	*Wie lange bleibt ihr in Italien?*

- Menge – **wie viel?**

Quanti anni hai?	*Wie alt bist du?*
Quanti siete?	*Wie viele seid ihr?*
Quanto costa?	*Wie viel kostet es?*

- Art und Weise – **wie?**

Come stai?	*Wie geht es dir?*

12 Relativpronomen

Das Relativpronomen leitet einen Nebensatz ein, der nähere Informationen zum Bezugswort des Pronomens enthält.

che

Che ist unveränderlich; es kann sowohl als Subjekt wie auch als Objekt im Relativsatz verwendet werden.

L'autore **che** ha vinto il Premio Strega ...	*Der Autor, der den Premio Strega gewonnen hat, ...*
I libri **che** mi ha comprato mia madre non mi piacciono.	*Die Bücher, die mir meine Mutter gekauft hat, gefallen mir nicht.*

Wird *che* von *il* begleitet, hat es die Bedeutung „was":

Ho sentito del tuo successo, **il che** mi ha fatto molto piacere.	*Ich habe von deinem Erfolg gehört, was mich sehr gefreut hat.*

Präposition + *cui*

Wird ein Relativsatz mit einer Präposition eingeleitet, gebraucht man das unveränderliche *cui*:

Ho letto il libro **di cui** mi hai parlato.	*Ich habe das Buch gelesen, von dem du mir erzählt hast.*

Wird *cui* ohne Präposition gebraucht, hat es die Bedeutung „dessen, deren"; es steht dann zwischen Artikel und Substantiv:

Lo scrittore, il **cui** libro mi è piaciuto moltissimo, ...	*Der Schriftsteller, dessen Buch mir sehr gefallen hat, ...*

quale

Quale als Relativpronomen steht immer mit dem bestimmten Artikel. Es passt sich in Numerus und Genus seinem Bezugswort an und ersetzt vor allem in der Schriftsprache *che* bzw. Präposition + *cui*. Bei der Verwendung mit einigen Präpositionen werden die Kombinationsformen mit dem Artikel (→ Kap. 2.3) verwendet.

Mask. Singular	Mask. Plural	Fem. Singular	Fem. Plural
il quale	i quali	la quale	le quali

Il libro del quale (= di cui) ti ho parlato ...	*Das Buch, von dem ich dir erzählt habe, ...*
La casa nella quale (= in cui) vivo ...	*Das Haus, in dem ich lebe, ...*

13 Präsens

13.1 Formen

Regelmäßige Konjugation

-are	**-ere**	**-ire**	
chiamare *(an)rufen*	**prendere** *nehmen*	a) **dormire** *schlafen*	b) **capire** *verstehen*
chiam-**o**	prend-**o**	dorm-**o**	cap-isc-**o**
chiam-**i**	prend-**i**	dorm-**i**	cap-isc-**i**
chiam-a	prend-e	dorm-e	cap-isc-e
chiam-**iamo**	prend-**iamo**	dorm-**iamo**	cap-**iamo**
chiam-ate	prend-ete	dorm-ite	cap-ite
chiam-ano	prend-ono	dorm-ono	cap-isc-ono

Bei den Verben werden drei verschiedene Gruppen (Konjugationen) unterschieden: Verben auf *-are*, *-ere* und *-ire*. An den Verbstamm (Verb nach Abtrennung der Endung *-are*/*-ere*/*-ire*) werden die Personalendungen gehängt. Die Betonung liegt immer auf der vorletzten Silbe, Ausnahmen sind durch Unterstreichungen gekennzeichnet. Übereinstimmende Endungen sind in der Tabelle fett gedruckt.

Die dritte Gruppierung teilt sich im Präsens nochmals in zwei verschiedene Arten auf: Die Verben der Gruppe b) fügen im Singular sowie in der 3. Pers. Pl. die Silbe *-isc-* zwischen Verbstamm und Endung ein. Hier ist auf die unterschiedliche Aussprache von *-sc-* zu achten (*capisco* [sk], *capisci* [sch]). Dazu gehören u. a. folgende Verben:

finire	*(be)enden*	preferire	*vorziehen*
pulire	*putzen*	spedire	*schicken*
costruire	*bauen*	ferire	*verletzen*
sparire	*verschwinden*	sostituire	*ersetzen*

Besonderheiten

- Verben auf ***-care/-gare***

Um die Aussprache [k] und [g] zu erhalten, muss in der 2. Pers. Sg. sowie 1. Pers. Pl. ein *h* eingefügt werden:

cercare *(ver)suchen*: (io) cerco, **aber:** (tu) cerc**h**i, (noi) cerc**h**iamo
pagare *(be)zahlen*: (io) pago, **aber:** (tu) pag**h**i, (noi) pag**h**iamo

- Verben auf ***-ciare/-giare/-iare***

Wird an den Verbstamm eine mit *i* beginnende Personalendung gefügt, entfällt ein *i*.

cominciare *anfangen*:	(io) comincio, (tu) cominc**i**, (noi) cominc**i**amo
mangiare *essen*:	(io) mangio, (tu) mang**i**, (noi) mang**i**amo
studiare *lernen*:	(io) studio, (tu) stud**i**, (noi) stud**i**amo

- Verben auf ***-cere/-gere***

Bei diesen Verben wird die Schreibweise beibehalten, d. h. es wird kein *-h-* eingefügt, sondern die Aussprache verändert sich:

vincere *siegen*:	(io) vinco [k], (tu) vinci [tsch], (lui, lei) vince [tsch] etc.
leggere *lesen*:	(io) leggo [g], (tu) leggi [dsch], (lui, lei) legge [dsch] etc.

Unregelmäßige Verben

Die Hilfsverben *essere* und *avere* bilden das Präsens unregelmäßig:

essere *sein*		**avere** *haben*	
sono	siamo	ho	abbiamo
sei	siete	hai	avete
è	sono	ha	hanno

Zu den Formen weiterer unregelmäßiger Verben → Anhang.

13.2 Gebrauch

Das Präsens (*il presente*) wird wie im Deutschen verwendet zum Ausdruck

- einer Handlung in der Gegenwart:

Paolo lavora in una libreria.	*Paolo arbeitet in einer Buchhandlung.*

- eines sicheren Ereignisses der nahen Zukunft:

Domani parto per Parigi.	*Morgen fahre ich nach Paris.*

- einer gewohnheitsmäßigen Handlung:

Ogni lunedì vado al corso d'italiano.	*Jeden Montag gehe ich zum Italienischkurs.*

- einer allgemein gültige Feststellung:

Lavorare stanca.	*Arbeiten ermüdet.*

14 Imperfekt

14.1 Formen

Regelmäßige Konjugation

chiamare *(an)rufen*	**prendere** *nehmen*	**dormire** *schlafen*
chiama-**vo**	prende-**vo**	dormi-**vo**
chiama-**vi**	prende-**vi**	dormi-**vi**
chiama-**va**	prende-**va**	dormi-**va**
chiama-**vamo**	prende-**vamo**	dormi-**vamo**
chiama-**vate**	prende-**vate**	dormi-**vate**
chiama-**vano**	prende-**vano**	dormi-**vano**

Vom Infinitiv wird *-re* weggestrichen und die Imperfektendungen, die in allen drei Gruppen gleich sind, angehängt. Die Formen unterscheiden sich also nur im Vokalauslaut des Stammes *-a-*, *-e-* bzw. *-i-*. Die Betonung liegt auch hier – bis auf die 3. Pers. Pl. – auf der vorletzten Silbe.

Alle Verben auf *-ire* bilden das Imperfekt auf dieselbe Weise. Das Verb *avere* bildet das Imperfekt nach der regelmäßigen Konjugation wie *prendere*.

Unregelmäßige Verben

Das Hilfsverb *essere* bildet das Imperfekt unregelmäßig:

essere *sein*	
ero	eravamo
eri	eravate
era	erano

Weitere unregelmäßige Formen des Imperfekts:

bere *trinken:*	bevevo
dire *sagen:*	dicevo
fare *machen:*	facevo
proporre *vorschlagen:*	proponevo
produrre *produzieren:*	producevo

Zu weiteren unregelmäßigen Verbkonjugationen → Anhang.

14.2 Gebrauch

Das Imperfekt (*l'imperfetto*) verwendet man für nicht abgeschlossene Handlungen und Ereignisse in der Vergangenheit, d. h.

- für Beschreibungen und Schilderungen:

Aveva i capelli lunghi, gli occhi neri e ...	*Er/sie hatte lange Haare, schwarze Augen und ...*
La camera era luminosa.	*Das Zimmer war hell.*

- für körperliche oder seelische Zustände:

Non ti ho più chiamato, perché ero stanco morto.	*Ich habe dich nicht mehr angerufen, weil ich todmüde war.*

- für gewohnheitsmäßige Handlungen in der Vergangenheit:

Usciva sempre la sera.	*Er/sie ging abends immer aus.*

- nach *mentre* („während") für eine Handlung, die noch stattfindet, wenn eine andere Handlung eintritt:

Mentre guardavamo la TV, è suonato il telefono.	*Während wir fernsahen, klingelte das Telefon.*

- für zwei gleichzeitige Handlungen:

Mentre parlavo, pensavo ad altre cose.	*Während ich sprach, dachte ich an andere Dinge.*

- als höfliche Umschreibung (statt Konditional I, → Kap. 19.2):

Volevo sapere, se ...	*Ich wollte/möchte gerne wissen, ob ...*

- in der gesprochenen Sprache im Bedingungssatz anstatt des Konj. Plusquamperfekt (→ Kap. 20.3) und des Konditional II (→ Kap. 19.4):

Se lo sapevo (= l'avessi saputo), non venivo (= sarei venuto).	*Wenn ich das gewusst hätte, wäre ich nicht gekommen.*
Potevi (=avresti potuto) dirmelo.	*Das hättest du mir sagen können.*

15 Perfekt

15.1 Formen

andare *gehen*		**vendere** *verkaufen*		**dormire** *schlafen*	
sono	andat**o/-a**	ho	venduto	ho	dormito
sei	andat**o/-a**	hai	venduto	hai	dormito
è	andat**o/-a**	ha	venduto	ha	dormito
siamo	andat**i/-e**	abbiamo	venduto	abbiamo	dormito
siete	andat**i/-e**	avete	venduto	avete	dormito
sono	andat**i/-e**	hanno	venduto	hanno	dormito

Das Perfekt (*il passato prossimo*) bildet man mit dem Präsens von *essere* bzw. *avere* und dem Partizip Perfekt (→ Kap. 27.3; 27.4). Beim Perfekt mit *essere* wird die Endung des Partizips in Numerus und Genus an das Subjekt angeglichen. Zur Angleichung des Partizips beim Perfekt mit *avere* im Zusammenhang mit *lo/la/li/le* → Kap. 7.2.

Perfekt mit *essere*
Das Perfekt mit *essere* bilden

- Verben der Bewegung und des Zustands:

Perché non siete venuti?	*Warum seid ihr nicht gekommen?*
Sono andata al cinema.	*Ich bin ins Kino gegangen.*
Sabato sono rimasta a casa.	*Am Samstag bin ich zu Hause geblieben.*

- reflexive Verben:

Ti sei lavato le mani?	*Hast du dir die Hände gewaschen?*

- unpersönliche Ausdrücke:

La Sicilia vi è piaciuta?	*Hat euch Sizilien gefallen?*
È piovuto/nevicato.	*Es hat geregnet/geschneit.*

In der Umgangssprache können die Ausdrücke des Wetters das Perfekt auch mit *avere* bilden (*ha piovuto*); ebenso bei der Angabe der Dauer:

Ha piovuto tutto il giorno.	*Es hat den ganzen Tag geregnet.*

- Modalverben bei einem Verb, das *essere* als Hilfsverb verlangt:

Non sono potuto/-a venire.	*Ich konnte nicht kommen.*
Si è voluto alzare presto.	*Er wollte früh aufstehen.*
aber: Ha voluto alzar**si** presto.	

- die Verben *durare* (dauern), *costare* (kosten), *bastare* (genügen), *servire* (nützen) im Unterschied zum Deutschen:

Il film **è** durato quasi tre ore.	*Der Film **hat** fast drei Stunden gedauert.*
Queste scarpe mi **sono** costate un occhio della testa.	*Diese Schuhe **haben** mich ein Vermögen gekostet.*
I soldi ti **sono** bastati?	***Hat** dir das Geld gereicht?*
Il libro ti **è** servito?	***Hat** dir das Buch (etwas) genützt?*

Perfekt mit *avere*

Das Perfekt mit *avere* bilden alle transitiven Verben, d. h. alle Verben, die ein direktes Objekt haben.

Laura gli ha scritto una lettera.	*Laura hat ihm einen Brief geschrieben.*

Außerdem verlangen folgende Verben der Bewegung, die weder Ausgangspunkt noch Ziel angeben, *avere* als Hilfsverb:

camminare	*wandern*	passeggiare	*spazieren gehen*
nuotare	*schwimmen*	sciare	*Ski fahren*
correre	*laufen*	viaggiare	*reisen*

Abbiamo camminato per ore.	*Wir sind stundenlang gewandert.*

Perfekt mit *essere* oder *avere*

Manche Verben können das Perfekt mit *essere* oder *avere* bilden: Tritt zum Verb ein direktes Objekt oder eine Infinitivergänzung, wird *avere* als Hilfsverb nötig, sonst gebraucht man *essere*.

- *cominciare/finire:*

Ho cominciato (a leggere) un bel libro.	*Ich habe ein schönes Buch (zu lesen) begonnen.*
Sbrigati, il film **è** già cominciato.	*Beeil dich, der Film hat schon angefangen.*

- *passare:*

Abbiamo passato delle vacanze bellissime.	*Wir haben wunderschöne Ferien verbracht.*
Siamo passat**i** per Roma.	*Wir sind an Rom vorbeigefahren.*

15.2 Gebrauch

Das Perfekt wird verwendet zum Ausdruck

- einer einmaligen Handlung, die zum Zeitpunkt der Erzählung abgeschlossen ist:

Mi sono alzata alle sette.	*Ich bin um sieben Uhr aufgestanden.*
Sono appena tornati.	*Sie sind gerade zurückgekommen.*

- einer plötzlich eintretenden Handlung, die eine andere unterbricht:

Mentre mangiavo, è arrivata la mia amica Anna.	*Während ich aß, kam meine Freundin Anna.*

- mehrerer abgeschlossener Handlungen, die aufgezählt werden:

Mi sono alzata alle sette, ho fatto la doccia e sono uscita alle otto.	*Ich bin um sieben aufgestanden, habe geduscht und bin um acht weggegangen.*

Manche Verben haben im Perfekt eine andere Bedeutung als im Imperfekt:

La conoscevo da tempo.	*Ich* ***kannte*** *sie seit langem.*
L'ho conosciuto qualche mese fa.	*Ich habe ihn vor einigen Monaten* ***kennen gelernt****.*
Non lo sapevi?	***Wusstest*** *du das nicht?*
L'ho saputo solo ieri.	*Ich habe es erst gestern* ***erfahren****.*

16 Historisches Perfekt

16.1 Formen

Regelmäßige Bildung

chiamare *(an)rufen*	**vendere** *verkaufen*	**partire** *abreisen*
chiama**i**	vende**i**/etti	parti**i**
chiama**sti**	vende**sti**	parti**sti**
chiamò	vendè/ette	partì
chiama**mmo**	vende**mmo**	parti**mmo**
chiama**ste**	vende**ste**	parti**ste**
chiama**rono**	vende**rono**/ettero	parti**rono**

Die Formen des historischen Perfekts (*il passato remoto*) bilden sich aus dem Verbstamm und den entsprechenden Personalendungen. Die drei Konjugationen unterscheiden sich nur in dem für sie typischen Vokal *a* (Ausnahme: 3. Pers. Sg.!), *e* bzw. *i*. Die übereinstimmenden Teile der Endungen sind durch Fettdruck kenntlich gemacht. Der Wortakzent liegt außer in der 3. Pers. Pl. immer auf der vorletzten Silbe.

Unregelmäßige Bildung

Die Hilfsverben: *essere* hat gänzlich, *avere* nur in der 1. und 3. Pers. Sg. sowie der 3. Pers. Pl. unregelmäßige Formen:

essere *sein*	
fui	fummo
fosti	foste
fu	furono

avere *haben*	
ebbi	avemmo
avesti	aveste
ebbe	**ebbero**

Zahlreiche Verben, meistens jene auf *-ere*, bilden das historische Perfekt unregelmäßig; dabei ist zu beachten, dass wie bei *avere* nur die 1. und 3. Pers. Sg. sowie die 3. Pers. Pl. unregelmäßig sind, z. B.

chiudere *schließen*	
chiusi	chiudemmo
chiudesti	chiudeste
chiuse	chiusero

Weitere Beispiele (nur die unregelmäßigen Formen sind angegeben):

chiedere *fragen:*	(io) chiesi, (lui, lei) chiese, (loro) chiesero
sapere *wissen:*	(io) seppi, (lui, lei) seppe, (loro) seppero
volere *wollen:*	(io) volli, (lui, lei) volle, (loro) vollero
bere *trinken:*	(io) bevvi, (lui, lei) bevve, (loro) bevvero
dire *sagen:*	(io) dissi, (lui, lei) disse, (loro) dissero

Weitere unregelmäßige Formen: → Anhang.

16.2 Gebrauch

Das historische Perfekt wird meist nur noch in literarischen Texten verwendet. In der gesprochenen Sprache wird das *passato remoto* weitgehend – außer z.B. in Süditalien und in der Toskana – durch das *passato prossimo* ersetzt. Bei diesen Formen ist eher eine passive Kenntnis wichtig.
Das *passato remoto* wird zum Ausdruck eines historischen, weit in der Vergangenheit zurückliegenden, abgeschlossenen Ereignisses verwendet. Im Gegensatz zum Perfekt hat es keinen Bezug zur Gegenwart.

Michelangelo abbandonò per più di vent'anni la pittura e si dedicò alla scultura e all'architettura.	*Michelangelo gab die Malerei für mehr als zwanzig Jahre auf und widmete sich der Bildhauerei und Architektur.*
Nacque nel 1921.	*Er wurde 1921 geboren* (d. h. er lebt nicht mehr).
È nato nel 1921.	*Er wurde 1921 geboren* (d. h. er lebt noch).
Si conobbero 30 anni fa.	*Sie lernten sich vor 30 Jahren kennen* (haben aber schon lange nichts mehr voneinander gehört).
Si sono conosciuti 30 anni fa.	*Sie lernten sich vor 30 Jahren kennen* (und kennen sich heute noch).

17 Plusquamperfekt

17.1 Formen

chiamare *(an)rufen*		**partire** *abfahren*	
avevo	chiamato	ero	partit**o/-a**
avevi	chiamato	eri	partit**o/-a**
aveva	chiamato	era	partit**o/-a**
avevamo	chiamato	eravamo	partit**i/-e**
avevate	chiamato	eravate	partit**i/-e**
avevano	chiamato	erano	partit**i/-e**

Das Plusquamperfekt *(trapasssato prossimo*, Vorvergangenheit) wird aus dem Imperfekt von *avere* bzw. *essere* und dem Partizip Perfekt, dessen Endung bei der Verwendung mit *essere* angeglichen werden muss, gebildet.

17.2 Gebrauch

Das *trapassato prossimo* wird verwendet, um auszudrücken, dass eine in der Vergangenheit erzählte Handlung **vor** einer anderen zurückliegenden (Perfekt oder hist. Perfekt) geschehen und vor dieser abgeschlossen war:

Quando l'abbiamo visto, **aveva** già **superato** gli esami.	*Als wir ihn sahen, hatte er die Prüfungen schon bestanden.*
Quando sono arrivato, lo spettacolo **era** già **finito**.	*Als ich ankam, war die Vorstellung schon beendet.*

Neben dem *trapassato prossimo* gibt es im Italienischen eine weitere Zeit, die die Vorvergangenheit bezeichnet, aber wesentlich seltener benutzt wird: Das *trapassato remoto*. Es entsteht aus dem *passato remoto* von *essere* und *avere* und dem Partizip Perfekt. Es steht nur in Nebensätzen, die mit *quando* „als", *dopo che* „nachdem", *appena che, non appena* „sobald" eingeleitet werden). Die Handlung im Hauptsatz muss im *passato remoto* erzählt sein.

Quando **ebbe superato** gli esami, fece una grande festa.	*Nachdem er die Prüfungen bestanden hatte, machte er ein großes Fest.*
Dopo che **ebbi mangiato**, andai a dormire.	*Nachdem ich gegessen hatte, ging ich schlafen.*

18 Futur

18.1 Futur I – Formen

Regelmäßige Konjugation

chiamare *(an)rufen*	**vendere** *verkaufen*	**partire** *abreisen*
chiam**er**-ò	vender-ò	partir-ò
chiam**er**-ai	vender-ai	partir-ai
chiam**er**-à	vender-à	partir-à
chiam**er**-emo	vender-emo	partir-emo
chiam**er**-ete	vender-ete	partir-ete
chiam**er**-anno	vender-anno	partir-anno

An den Infinitiv ohne den Endvokal *-e* werden die Futurendungen, die für alle drei Verbgruppen gleich sind, angefügt; bei den Verben auf *-are* wird das *-a-* der Infinitivendung zu *-e-* abgeschwächt. Kurze Verben wie *stare* (stehen), *fare* (tun), *dare* (geben) behalten jedoch den ursprünglichen Vokal bei (*starò, farò, darò* etc.). Die betonte Silbe ist, wenn sie keinen Akzent trägt, unterstrichen.

Besonderheiten

- Verben auf ***-care/-gare***

Um die Aussprache [k] und [g] zu erhalten, wird ein *h* zwischen Stamm und Futurendung eingefügt:

cercare *(ver)suchen*:	(io) perc**h**erò, (tu) cerc**h**erai ...
pagare *(be)zahlen*:	(io) pag**h**erò, (tu) pag**h**erai ...

- Verben auf ***-ciare/-giare***

Das *i* des Stammes entfällt:

cominciare *anfangen*:	(io) comincerò, (tu) comincerai ...
mangiare *essen*:	(io) mangerò, (tu) mangerai ...

Unregelmäßige Formen

Bei einigen Verben entfallen die Vokale der Infinitivendung völlig:

andare *gehen:*	andrò	sapere *wissen:*	saprò
vivere *leben:*	vivrò	dovere *müssen:*	dovrò
potere *können:*	potrò	vedere *sehen:*	vedrò

Eine andere Gruppe von Verben hat mit Futur I als Merkmal ein doppeltes *-r-*:

venire *kommen:*	ve**rr**ò	volere *wollen:*	vo**rr**ò
bere *trinken:*	be**rr**ò	rimanere *bleiben:*	rima**rr**ò

Avere bildet das Futur I wie *potere*:

avere *haben*	
avrò	avremo
avrai	avrete
avrà	avranno

essere hat hingegen völlig unregelmäßige Formen:

essere *sein*	
sarò	saremo
sarai	sarete
sarà	saranno

18.2 Gebrauch des Futur I

Das Futur I (*il futuro semplice*) drückt eine Handlung in der Zukunft aus. Ist das Ereignis gewiss, wird es wie im Deutschen oft durch das Präsens ersetzt (→ Kap.13.2).

Domani verrà/viene mia madre.	*Morgen wird meine Mutter kommen.*
Partiremo verso la fine di agosto.	*Wir werden gegen Ende August fahren.*

Das Futur I kann aber auch zum Ausdruck einer Vermutung verwendet werden.

Avrà 26 anni.	*Er/sie wird (wohl) 26 Jahre alt sein.*
Saranno le dieci.	*Es wird (wohl) 10 Uhr sein.*

i Zum Ausdruck der unmittelbar bevorstehenden Zukunft steht oft *stare + per* + Infinitiv:

Sto per finire.	*Ich bin gleich fertig.*
Sandra sta per uscire.	*Sandra ist im Begriff/will gerade ausgehen.*

18.3 Futur II – Formen

chiamare *(an)rufen*		**partire** *abfahren*	
avrò	chiamato	sarò	partit**o/-a**
avrai	chiamato	sarai	partit**o/-a**
avrà	chiamato	sarà	partit**o/-a**
avremo	chiamato	saremo	partit**i/-e**
avrete	chiamato	sarete	partit**i/-e**
avranno	chiamato	saranno	partit**i/-e**

Das Futur II bildet sich aus dem Futur I der Hilfsverben und dem Partizip Perfekt; wird es mit *essere* gebildet, muss die Endung des Partizips angeglichen werden.

18.4 Gebrauch des Futur II

Das Futur II (*il futuro anteriore*) wird zum Ausdruck einer zukünftigen Handlung verwendet, die **vor** einer anderen geschehen wird.

Appena sarò tornato, mi farò vivo.	*Sobald ich zurück bin, werde ich mich melden.*

Wie das Futur I kann es auch zum Ausdruck einer Vermutung (der Vergangenheit) gebraucht werden.

Ci sarà stato qualcuno.	*Es wird jemand da gewesen sein.*
Marco avrà bevuto troppo.	*Marco wird zu viel getrunken haben.*

19 Konditional

19.1 *Condizionale semplice* – Formen

Regelmäßige Konjugation

chiamare *(an)rufen*	**vendere** *verkaufen*	**partire** *abreisen*
chiam**er**-ei	vender-ei	partir-ei
chiam**er**-esti	vender-esti	partir-esti
chiam**er**-ebbe	vender-ebbe	partir-ebbe
chiam**er**-emmo	vender-emmo	partir-emmo
chiam**er**-este	vender-este	partir-este
chiam**er**-ebbero	vender-ebbero	partir-ebbero

Wie im Futur I werden an den Infinitiv ohne den Endvokal *-e* die Endungen, die für alle Konjugationen gleich sind, angefügt; bei den Verben auf *-are* wird das *-a-* der Infinitivendung zu -e- abgeschwächt. Die Betonung liegt, wenn nicht durch Unterstreichung kenntlich gemacht, auf der vorletzen Silbe. Kurze Verben wie *stare* (stehen), *fare* (tun), *dare* (geben) behalten jedoch auch beim Konditional der Gegenwart den ursprünglichen Vokal bei (*starei, farei, darei* etc.).

Unregelmäßige Formen

Die Verben, bei denen auch im Futur I die Vokale der Infinitivendung entfallen, bilden auf dieselbe Weise das Konditional I:

andare *gehen:*	andrei	sapere *wissen:*	saprei
vivere *leben:*	vivrei	dovere *müssen:*	dovrei
potere *können:*	potrei	vedere *sehen:*	vedrei

Folgende Verben verdoppeln auch im Konditional I das *-r-*:

venire *kommen:*	verrei	volere *wollen:*	vorrei
bere *trinken:*	berrei	rimanere *bleiben:*	rimarrei

Avere bildet das Konditional I wie *potere* (s. o.), *essere* hat unregelmäßige Formen, die mit demselben Stamm wie das Futur I gebildet werden.

essere *sein*		**avere** *haben*	
sarei	saremmo	avrei	avremmo
saresti	sareste	avresti	avreste
sarebbe	sarebbero	avrebbe	avrebbero

Besonderheiten
Wie im Präsens und Futur I fügen die Verben auf *-care* und *-gare* ein *h* zwischen Stamm und Konditionalendung ein:

cercare *suchen:*	(io) cerc**h**erei, (tu) cerc**h**eresti ...
pagare *bezahlen:*	(io) pag**h**erei, (tu) pag**h**eresti ...

Bei den Verben auf *-ciare* und *-giare* entfällt das *-i-:*

lasc**i**are *lassen:*	(io) lascerei, (tu) lasceresti ...
mang**i**are *essen:*	(io) mangerei, (tu) mangeresti ...

19.2 Gebrauch des *condizionale semplice*

Das Konditional I, das im Deutschen meist mit dem Konjunktiv II der Gegenwart übersetzt wird, verwendet man zum Ausdruck

- eines höflichen Wunsches oder einer höflichen Bitte:

Vorrei un cappuccino.	*Ich möchte einen Cappuccino.*
Potrebbe portare un altro cappuccino?	*Könnten Sie noch einen Cappuccino bringen?*

- einer irrealen Handlung der Gegenwart:

Verrei volentieri, ma ...	*Ich käme gerne, aber ...*
So che verrebbe volentieri.	*Ich weiß, dass er gerne käme.*

- einer irrealen Handlung im Hauptsatz eines konditionalen Satzgefüges (→ Kap. 20.3):

Se avessi tempo, verrei volentieri.	*Wenn ich Zeit hätte, würde ich gerne kommen.*

- zur abgeschwächten Meinungsäußerung:

(Secondo me) potresti almeno chiamarla.	*(Meiner Meinung nach) könntest du sie wenigstens anrufen.*

- zur vorsichtigen Wiedergabe einer Meinung/eines Berichts anderer (oft in der Presse):

Il presidente sarebbe malato.	*Der Präsident soll krank sein.*

19.3 *Condizionale composto* – Formen

chiamare *(an)rufen*		**partire** *abfahren*	
avrei	chiamato	sarei	partit**o/-a**
avresti	chiamato	saresti	partit**o/-a**
avrebbe	chiamato	sarebbe	partit**o/-a**
avremmo	chiamato	saremmo	partit**i/-e**
avreste	chiamato	sareste	partit**i/-e**
avrebbero	chiamato	sarebbero	partit**i/-e**

Das Konditional der Vergangenheit (II, *il condizionale composto*) bildet man mit dem Konditional I der Hilfsverben und dem Partizip Perfekt; wird es mit *essere* gebildet, muss die Endung des Partizips angeglichen werden.

19.4 Gebrauch des *condizionale composto*

Das *condizionale composto* erfährt eine ähnliche Verwendung wie das *condizionale semplice*. Der Unterschied liegt in der Zeitstufe: Das Konditional II, das im Deutschen mit Konjunktiv II der Vergangenheit wiedergegeben wird, drückt aus

- einen irrealen (nicht erfüllbaren) Wunsch in der Vergangenheit:

Sarei andata volentieri a casa.	*Ich wäre gerne nach Hause gegangen.*
Sarei venuto volentieri, ma avevo molto da fare.	*Ich wäre gerne gekommen, aber ich hatte viel zu tun.*
So che sarebbe venuto volentieri.	*Ich weiß, dass er gerne gekommen wäre.*

- eine irreale Handlung der Vergangenheit im Hauptsatz eines konditionalen Satzgefüges (→ Kap. 20.3):

Sarei venuto a trovarti, se non avessi dovuto lavorare tanto.	*Ich hätte dich besucht, wenn ich nicht so viel hätte arbeiten müssen.*

- die Meinung oder Bericht anderer:

Secondo alcuni giornali il presidente sarebbe stato malato.	*Laut einigen Zeitungen soll der Präsident krank gewesen sein.*

- das Futur/Nachzeitigkeit in der Vergangenheit (→ Kap. 21):

Sapevo che mi avrebbe chiamato.	*Ich wusste, dass er/sie mich anrufen würde.*

20 Konjunktiv

20.1 Allgemeines

Während der Indikativ die Wirklichkeit und Objektivität einer Handlung ausdrückt, stellt der Konjunktiv den Modus des Zweifels, der Möglichkeit, des Wunsches, der Subjektivität und der Unsicherheit dar. Er hat nur vier Formen: Präsens, Imperfekt, Perfekt und Plusquamperfekt.

20.2 Formen

20.2.1 Präsens

Regelmäßige Formen

chiamare *(an)rufen*	**prendere** *nehmen*	a) **dormire** *schlafen*	b) **capire** *verstehen*
chiam-**i**	prend-**a**	dorm-**a**	cap-isc-**a**
chiam-**i**	prend-**a**	dorm-**a**	cap-isc-**a**
chiam-**i**	prend-**a**	dorm-**a**	cap-isc-**a**
chiam-iamo	prend-iamo	dorm-iamo	cap-iamo
chiam-iate	prend-iate	dorm-iate	cap-iate
chiam-ino	prend-ano	dorm-ano	cap-isc-ano

Die Singularformen unterscheiden sich innerhalb einer Konjugation nicht. Deswegen werden zur Verdeutlichung im Singular die Subjektpronomen verwendet, ohne dass eine besondere Betonung vorliegt. Die Verben auf *-ere* und *-ire* haben identische Endungen. Die Endungen der 1. Pers. Pl. sind in allen Konjugationen gleich, ebenso die der 2. Pers. Pl.

Alle Verben, die im Indikativ Präsens Besonderheiten aufweisen, haben diese auch im Konjunktiv: Verben auf *-ire* mit Stammerweiterung *-isc-*, Verben auf *-care/-gare* etc. (→ Kap. 13.1).

Unregelmäßige Verben

Die unregelmäßigen Verben bilden den Konjunktiv Präsens mit demselben Verbstamm wie den Indikativ (Formen → Anhang).

Die Hilfsverben bilden auch den Konjunktiv Präsens unregelmäßig:

essere *sein*		**avere** *haben*	
sia	siamo	abbia	abbiamo
sia	siate	abbia	abbiate
sia	siano	abbia	abbiano

20.2.2 Imperfekt

Regelmäßige Formen

chiamare *(an)rufen*	**prendere** *nehmen*	**dormire** *schlafen*
chiama-**ssi**	prende-**ssi**	dormi-**ssi**
chiama-**ssi**	prende-**ssi**	dormi-**ssi**
chiama-**sse**	prende-**sse**	dormi-**sse**
chiama-**ssimo**	prende-**ssimo**	dormi-**ssimo**
chiama-**ste**	prende-**ste**	dormi-**ste**
chiama-**ssero**	prende-**ssero**	dormi-**ssero**

Alle drei Konjugationen haben dieselben Endungen für den Konjunktiv Imperfekt; sie unterscheiden sich nur im auslautenden Vokal ihres Stammes.

Unregelmäßige Verben

Das Hilfsverb *essere* hat im Konjunktiv Imperfekt unregelmäßige Formen. Bei den Verben *stare* und *dare* wird der Vokal *-a-* in allen Personen zu *-e-* abgeschwächt:

essere *sein*		**stare** *stehen/bleiben*		**dare** *geben*	
fossi	fossimo	stessi	stessimo	dessi	dessimo
fossi	foste	stessi	steste	dessi	deste
fosse	fossero	stesse	stessero	desse	dessero

Fare „tun" bildet jedoch den Konjunktiv Imperfekt wie den Indikativ Imperfekt vom ursprünglichen Verbstamm *fac- (facessi)*. *Avere* hat regelmäßige Formen (wie *prendere* s. o.)

Zu weiteren unregelmäßigen Verben → Anhang.

20.2.3 Perfekt

andare *gehen*		**vendere** *verkaufen*		**dormire** *schlafen*	
sia	andat**o/-a**	abbia	venduto	abbia	dormito
sia	andat**o/-a**	abbia	venduto	abbia	dormito
sia	andat**o/-a**	abbia	venduto	abbia	dormito
siamo	andat**i/-e**	abbiamo	venduto	abbiamo	dormito
siate	andat**i/-e**	abbiate	venduto	abbiate	dormito
siano	andat**i/-e**	abbiano	venduto	abbiano	dormito

Der Konjunktiv Perfekt bildet sich aus dem Konjunktiv Präsens von *essere* und *avere* und dem Partizip Perfekt. Das Partizip bei *essere* passt sich in Numerus und Genus dem Subjekt an.

20.2.4 Plusquamperfekt

andare *gehen*		**vendere** *verkaufen*		**dormire** *schlafen*	
fossi	andat**o/-a**	avessi	venduto	avessi	dormito
fossi	andat**o/-a**	avessi	venduto	avessi	dormito
fosse	andat**o/-a**	avesse	venduto	avesse	dormito
fossimo	andat**i/-e**	avessimo	venduto	avessimo	dormito
foste	andat**i/-e**	aveste	venduto	aveste	dormito
fossero	andat**i/-e**	avessero	venduto	avessero	dormito

Der Konjunktiv Plusquamperfekt hat im Gegensatz zum Indikativ nur eine Form; er wird aus dem Konjunktiv Imperfekt der Hilfsverben und dem Partizip Perfekt gebildet.

20.3 Gebrauch

Der Konjunktiv im Hauptsatz
Relativ selten wird der Konjunktiv im Hauptsatz verwendet, und zwar

- in Aufforderungen oder Wünschen (→ Imperativ, Kap. 22):

Venga pure!	*Kommen Sie ruhig!*
Andiamo!	*Gehen wir!*

- in zweifelnden Fragen (Konj. Präsens oder Perfekt):

Perché non mi ha chiamato? Che **sia** (stato) malato?	*Warum hat er mich nicht angerufen? Ist er wohl krank (gewesen)?*

- in Ausrufen, die nicht erfüllbare Wünsche enthalten (Konj. Imp. oder Plusqu.)

Non ti **avessi** mai **conosciuto**!	*Hätte ich dich doch nie kennengelernt!*
Sapessi almeno la verità!	*Wüsste ich wenigstens die Wahrheit!*

Der Konjunktiv im Nebensatz
Weitaus gebräuchlicher ist der Konjunktiv im Nebensatz. Die Zeit des Verbs richtet sich hierbei nach der Zeit des Hauptsatzverbs (→ Kap. 21.2). Der Konjunktiv steht

- nach Verben des **Glaubens** und **Meinens**:

pensare	*denken*	credere	*glauben*
ritenere	*halten für*	sembrare	*scheinen*
parere	*scheinen*	supporre	*annehmen*

Penso che **sia** stato possibile. — *Ich denke, dass es möglich war.*
Mi sembra che **piova**. — *Es scheint mir zu regnen.*

- nach Verben der **Gefühlsäußerung** und der **Hoffnung**:

temere	*fürchten*	essere contenti	*zufrieden sein*
avere paura	*Angst haben*	essere felici	*glücklich sein*
sperare	*hoffen*	rallegrarsi	*sich freuen*
essere sorpresi	*erstaunt sein*		

Sono contento che tua madre **stia** meglio. — *Ich bin froh, dass es deiner Mutter besser geht.*

- nach Verben des **Zweifelns** und der **Unsicherheit**:

non essere sicuri	*nicht sicher sein*	dubitare	*zweifeln*
non essere certi	*nicht sicher sein*	non sapere	*nicht wissen*

Non ero sicuro che lui **capisse**. — *Ich war nicht sicher, dass er verstand.*

- nach Verben des **Wollens** und **Wünschens**:

volere	*wollen*	esigere	*verlangen*
desiderare	*wünschen*	preferire	*vorziehen*

Voglio che tu mi **dica** tutto. — *Ich will, dass du mir alles sagst.*

- nach **unpersönlichen Ausdrücken**, die eine Notwendigkeit, (Un-) Möglichkeit oder Wahrscheinlichkeit bezeichnen:

occorre/bisogna/è necessario	*es ist nötig*
è (im)possibile	*es ist (un)möglich*
è (im)probabile	*es ist (un)wahrscheinlich*

È possibile che **vengano** a trovarci. — *Möglicherweise kommen sie uns besuchen.*

- nach **Konjunktionen**:

Bestimmte Konjunktionen stehen immer mit dem Konjunktiv (Übersicht → Kap. 28.2):

Benché io **fossi** stanca, mi sono alzata. — *Obwohl ich müde war, stand ich auf.*

- in **Relativsätzen**, die einen Wunsch oder eine Forderung ausdrücken:

Cerco una ragazza alla pari che **sappia** l'italiano.	*Ich suche ein Au-Pair-Mädchen, das Italienisch spricht.*

- im **Bedingungssatz** zum Ausdruck einer irrealen Handlung der Gegenwart (Konj. Imp.) oder der Vergangenheit (Konj. Plusqu.). Im Hauptsatz steht der Konditional (→ Kap. 19.2; 19.4):

Se lo **sapessi**, mi sentirei meglio.	*Wenn ich es wüsste, fühlte ich mich besser.*
Se l'**avessi saputo**, non sarei venuto.	*Wenn ich das gewusst hätte, wäre ich nicht gekommen.*

- wenn der Nebensatz dem Hauptsatz vorangeht:

Che lui **sia** tornato, è sicuro.	*Dass er zurückgekommen ist, ist sicher.*
aber: È sicuro che lui **è** tornato.	

- in **Vergleichssätzen** nach einem **Komparativ**:

La situazione era meno grave di quanto **pensassi**.	*Die Lage sah nicht so schwarz aus, wie ich dachte.*

- nach einigen **Indefinitpronomen** und **Adverbien**, die wie Konjunktionen verwendet werden (*chiunque* „wer auch immer", *qualunque/qualsiasi* (Adj.) „was (wer) auch immer", *comunque* „wie auch immer", *ovunque* „wohin auch immer")

Mi segue ovunque (io) **vada**.	*Er folgt mir, wo auch immer ich hingehe.*

i Haben Haupt- und Nebensatz gleiches Subjekt, ersetzt man den Nebensatz (meist mit *che* eingeleitet) + Konjunktiv durch *di* + Infinitiv (→ Kap. 25.2.1 Infinitiv mit *di*)

Penso di partire presto.	*Ich glaube, ich fahre bald.*

21 Zeitenfolge

Die Zeitenfolge beschreibt das Zeitverhältnis zwischen Hauptsatz und Nebensatz. Es wird hierbei genau unterschieden, ob die Handlung im Nebensatz früher, gleichzeitig oder später geschieht als die des Hauptsatzes.

21.1 Die Zeitenfolge im indikativischen Nebensatz

Hauptsatz	Nebensatz
Präsens So *Ich weiß,*	Vorzeitigkeit (früher, gestern ...): **Perfekt** (auch: Plusquamperfekt, Historisches Perfekt) che è tornato ieri. *dass er gestern zurückgekommen ist.*
	Gleichzeitigkeit (jetzt, heute ...): **Präsens** che torna oggi. *dass er heute zurückkommt.*
	Nachzeitigkeit (später, morgen ...): **Präsens, Futur I** che torna/tornerà domani. *dass er morgen zurückkommen wird.*
Imperfekt/ Perfekt/ Hist. Perf. Sapevo/ho saputo/ seppi *Ich wusste/habe erfahren,*	Vorzeitigkeit: **Plusquamperfekt** che era tornato il giorno prima. *dass er tags zuvor zurückgekommen war.*
	Gleichzeitigkeit: **Imperfekt** che tornava. *dass er zurückkam.*
	Nachzeitigkeit: **Konditional II (Imperfekt)** che sarebbe tornato (tornava) il giorno dopo. *dass er tags darauf zurückkommen würde.*

Hauptsatz	Nebensatz
Futur Gli dirò *Ich werde ihm sagen,*	Vorzeitigkeit: **Perfekt, Futur II** che ieri sono stata occupata tutto il giorno. *dass ich gestern den ganzen Tag beschäftigt war.* chi avrà vinto la partita. *wer das Spiel gewonnen hat.*
	Gleichzeitigkeit: **Präsens, Futur I** che vengo/verrò anch'io. *dass auch ich komme/kommen werde.*
	Nachzeitigkeit: **Präsens, Futur I** che vado/andrò a Milano dopo le vacanze. *dass ich nach den Ferien nach Mailand fahren werde.*

21.2 Die Zeitenfolge im konjunktivischen Nebensatz

Hauptsatz	Nebensatz
Präsens Credo *Ich glaube,*	Vorzeitigkeit (früher, gestern ...): **Konj. Perfekt** che sia tornato ieri. *dass er gestern zurückgekommen ist.*
	Gleichzeitigkeit (jetzt, heute ...): **Konj. Präsens** che torni oggi. *dass er heute zurückkommt.*
	Nachzeitigkeit (später, morgen ...): **Konj. Präsens, Futur I** che torni/tornerà domani. *dass er morgen zurückkommen wird.*

Hauptsatz	Nebensatz
Imperfekt/Perfekt/Hist. Perf. Credevo/ho creduto/credetti *Ich glaubte,*	Vorzeitigkeit: **Konj. Plusquamperfekt** che fosse tornato il giorno prima. *dass er tags zuvor zurückgekommen wäre.*
	Gleichzeitigkeit: **Konj. Imperfekt** che tornasse. *dass er zurückkäme.*
	Nachzeitigkeit: **Konditional II (Konj. Imp.)** che sarebbe tornato (tornasse) il giorno dopo. *dass er tags darauf zurückkommen würde.*

Steht im Hauptsatz Konditional I, folgt das Verb im Nebensatz zum Ausdruck der Gleich- und Nachzeitigkeit meist im Konj. Imperfekt, bei Vorzeitigkeit im Konj. Plusquamperfekt.

Vorrei che tu fossi (stato) qui. — *Ich wollte, du wärest hier (gewesen).*

22 Imperativ

Der Imperativ (*l'imperativo*) hat im Italienischen nur Formen für die 2. Pers. Sg. und 2. Pers. Pl., die dem Indikativ Präsens in diesen Personen entsprechen (Ausnahme: Verben auf *-are* in der 2. Pers. Sg.). Alle Verben, die im Indikativ Präsens Besonderheiten aufweisen, haben diese auch im Imperativ. In der Höflichkeitsform sowie bei Aufforderungen in der 1. Pers. Pl. weicht das Italienische auf die Formen des Konj. Präsens aus.

	chiamare *(an)rufen*	**prendere** *nehmen*	a) **dormire** *schlafen*	b) **capire** *verstehen*
tu	chiam-**a**	prend-**i**	dorm-**i**	cap-isc-**i**
Lei	chiam-**i**	prend-**a**	dorm-**a**	cap-isc-**a**
noi	chiam-**iamo**	prend-**iamo**	dorm-**iamo**	cap-**iamo**
voi	chiam-**ate**	prend-**ete**	dorm-**ite**	cap-**ite**

Vieni qua! *Komm her!* Entri pure! *Treten Sie ruhig ein!*
Andiamo! *Gehen wir!* Dormite bene! *Schlaft gut!*

Unregelmäßige Formen

Einige Verben haben, z.T. neben einer regelmäßigen Form, in der 2. Pers. Sg. eine verkürzte Imperativform:

dire *sagen:* di' fare *tun:* fai/fa'
dare *geben:* dai/da' stare *stehen:* stai/sta'
andare *gehen:* vai/va'

Unregelmäßig ist der Imperativ der 2. Pers. Sg. bei:

avere *haben:* abbi essere *sein:* sii
sapere *wissen:* sappi

i Die Verneinung des Imperativs der 2. Pers. Sg. wird mit *non* + Infinitiv Präsens ausgedrückt; bei allen anderen Personen wird die normale Imperativform durch ein *non* verneint.

Non piangere! *Weine nicht!*
aber:
Non parlate! *Sprecht nicht!*

Zum unbetonten Personalpronomen beim Imperativ → Kap. 7.7.

23 Passiv

Das Passiv (*il passivo*) wird mit *essere* oder *venire* und dem Partizip Perfekt gebildet, in den zusammengesetzten Zeiten nur mit *essere*. Während *venire* eher den Handlungsvorgang in den Vordergrund stellt, kann *essere* auch zum Ausdruck eines Zustands verwendet werden:

Il viaggio **viene/è** organizzato da un'agenzia.	*Die Reise wird/ist von einer Agentur organisiert.*

In jedem Fall ist auf die Endung des Partizips zu achten, das sich in Numerus und Genus an das Subjekt angleicht.

La finestra viene apert**a**.	*Das Fenster wird geöffnet.*
Lo spettacolo viene rimandat**o**.	*Die Vorstellung wird verschoben.*

Wie im Deutschen können nur transitive Verben ein Passiv bilden. Das direkte Objekt im Aktivsatz wird dann zum Subjekt des Passivsatzes. Die handelnde Person bzw. die Handlungsursache (das Subjekt des Aktivsatzes) wird mit *da* angeschlossen. Das Passiv gibt es in allen Zeiten und Modi.

La lettera è/viene scritt**a** (dalla segretaria),	*Der Brief wird (von der Sekretärin) geschrieben,*
è stata scritta/veniva scritta,	*wurde geschrieben,*
sarà scritta.	*wird geschrieben werden.*
Penso che la lettera sia stata scritta in fretta.	*Ich denke, dass der Brief in Eile geschrieben wurde.*

Zur Umschreibung des Passivs mit *si* → Kap. 24.

Die Modalverben im Passiv

Die Modalverben *potere* (können) und *dovere* (müssen, sollen) werden wie im Deutschen mit der entsprechenden Aktivform des Modalverbs + Infinitiv Perfekt konstruiert:

La lettera deve essere scritta subito.	*Der Brief muss sofort geschrieben werden.*

Im Passiv haben außer *dovere* auch *andare* + Partizip Perfekt sowie *essere* + *da* + Infinitiv Präsens die Bedeutung „müssen":

La lettera va scritta/è da scrivere subito.	*Der Brief muss sofort geschrieben werden.*

24 *si*-Konstruktion

Neben der Funktion als Reflexivpronomen der 3. Person (→ Kap. 7.4) hat *si* im Italienischen noch zwei weitere Anwendungsbereiche, das unpersönliche *si* (*si impersonale*) und das passivische *si* (*si passivante*). Bei der Verwendung ist vor allem wichtig, ob das Verb transitiv oder intransitiv ist.

si impersonale

Steht *si* vor einem intransitiven oder intransitiv gebrauchten Verb, ist das Verb in die 3. Pers. Sg. zu setzen; es entspricht dem deutschen „man":

Qui si mangia bene.	*Hier isst man gut.*
A Bari il sabato sera si va in pizzeria.	*In Bari geht man am Samstagabend in die Pizzeria.*

Bei den zusammengesetzten Zeiten wird immer das Hilfsverb *essere* verwendet; das Partizip Perfekt bleibt bei den Verben, die normalerweise das Hilfsverb *avere* haben, unverändert. Bei den Verben, die auch sonst *essere* verlangen (→ Kap. 15.1), wird das Partizip in den Mask. Pl. gesetzt. Das Hilfsverb bleibt jedoch im Singular:

Si è mangiat**o** bene.	*Man hat gut gegessen.*
Ieri si **è** andat**i** al cinema.	*Gestern ging man ins Kino.*

i Prädikativ verwendete Adjektive bei *essere* stehen ebenfalls immer im Mask. Pl., während das Verb im Singular bleibt:

Quando si **è** stanch**i**, ...	*Wenn man müde ist, ...*

Andere Möglichkeiten, „man" im Italienischen wiederzugeben, sind *uno* + Verb in der 3. Pers. Sg., das Verb in der 2. Pers. Sg. oder 3. Pers. Pl.:

Qui **uno** mangia bene	*Hier isst man gut.*
Qui mangi bene.	*Hier isst du (=man) gut.*
Dicono ...	*Man sagt ...*

si passivante

Die *si*-Konstruktion kann ebenfalls als Umschreibung des Passivs eines transitiven Verbs verwendet werden. Das ursprüngliche direkte Objekt des Aktivsatzes wird zum Subjekt des Satzes, d. h. das Verb richtet sich in Numerus (und Genus in den zusammengesetzten Zeiten) danach.

Si compr**ano** delle arance.	*Orangen werden gekauft/ man kauft ...*
Si **sono** fatt**i** molti errori.	*Viele Fehler wurden gemacht/ man hat viele Fehler gemacht.*

25 Infinitiv

25.1 Formen

Der **Infinitiv Präsens** bildet die regelmäßigen Formen auf *-are/-ere/-ire*: *and**are*** „gehen", *corr**ere*** „laufen", *dorm**ire*** „schlafen". Die reflexiven Verben hängen das Reflexivpronomen direkt an den Infinitiv, der Endvokal *-e* entfällt: *lavar**si*** „sich waschen".

Der Endvokal kann auch entfallen, wenn auf den Infinitiv ein Objekt folgt, das mit diesem eine Sinneinheit ergibt: *aver voglia* „Lust haben".

Einige Verben bilden durch Kontraktion der ursprünglichen lateinischen Endung eine unregelmäßige Infinitivform:

prop**orre** (< *lat.* proponere)	*vorschlagen*
trad**urre** (< *lat.* traducere)	*übersetzen*
tr**arre** (< *lat.* trahere)	*ziehen*

Der **Infinitiv Perfekt** setzt sich aus *essere* oder *avere* und dem Partizip Perfekt zusammen: *avere chiamato* „gerufen haben", *essere rimasto/-a/ -i/-e* „geblieben sein". Der Endvokal *-e* kann ebenfalls entfallen: *aver fatto* „getan haben".
Zur Stellung der Personalpronomina → Kap. 7.7.

25.2 Gebrauch

1. Infinitiv Präsens

Der Infinitiv Präsens wird entweder ohne Präposition verwendet oder mit bestimmten Präpositionen angeschlossen.

Infinitiv ohne Präposition

Der reine Infinitiv Präsens wird **unabhängig** verwendet

- als Subjekt oder Objekt:

Dire è più facile che fare.	*Leichter gesagt als getan.*

- in allgemeinen Anweisungen (z. B. Rezepte) und mit *non* als verneinter Imperativ (→ Kap. 22):

Tagliare le cipolle, ...	*Zwiebeln schneiden, ...*
Non glielo dire!	*Sag es ihm/ihr nicht!*

- in Ausrufen mit *che*:

Che bello sentirti!	*Schön dich zu hören!*

- in verkürzten Sätzen:

Non so che fare.	*Ich weiß nicht, was tun.*

Der Infinitiv ohne Präposition steht aber auch **abhängig** von bestimmten Verben:

- nach unpersönlichen Verben und Ausdrücken:

basta	*es genügt*	mi piace	*es gefällt mir, ich mag*
conviene	*es ist nötig*	è utile	*es ist nützlich*
bisogna	*es ist nötig, man muss*	è possibile	*es ist möglich*
occorre	*es ist nötig, man braucht*	è difficile	*es ist schwierig*

Bisogna vedere per credere.	*Das muss man sehen, um es zu glauben.*
È difficile imparare l'italiano?	*Ist es schwierig, Italienisch zu lernen?*

- nach Modalverben und Verben, die wie Modalverben verwendet werden:

potere *können*	dovere *müssen*	volere *wollen*
sapere *können*	lasciare *lassen*	fare *lassen*

Devo andare dal medico.	*Ich muss zum Arzt gehen.*
Sai sciare?	*Kannst du Ski fahren?*
Fallo venire!	*Lass ihn kommen!*

- nach Verben der Wahrnehmung:

sentire	*hören*	vedere	*sehen*
ascoltare	*(zu)hören*	guardare	*schauen*

Sento bussare qualcuno.	*Ich höre jemanden klopfen.*

- nach *desiderare* „wünschen", *preferire* „vorziehen":

Preferirei andare in America quest'anno.	*Ich möchte dieses Jahr lieber nach Amerika fahren.*

Infinitiv mit *di*

Der Infinitiv wird mit *di* (dt. meist „zu") angeschlossen

- nach folgenden Verben:

cercare	*versuchen*	promettere	*versprechen*
chiedere	*bitten, fragen*	ricordarsi	*sich erinnern*
decidere	*entscheiden*	ringraziare	*danken*
dimenticare	*vergessen*	rischiare	*riskieren*
finire	*beenden*	smettere	*aufhören*
pensare	*denken*	sperare	*hoffen*
pregare	*bitten*	temere	*fürchten*
preoccuparsi	*sich sorgen*	tentare	*versuchen*

Speravo di trovarti qui. — *Ich habe gehofft, dich hier zu finden.*

Quando hai smesso di fumare? — *Wann hast du aufgehört zu rauchen?*

- nach *avere* + Substantiv:

avere bisogno	*brauchen*	avere intenzione	*beabsichtigen*
avere paura	*Angst haben*	avere tempo	*Zeit haben*
avere voglia	*Lust haben*	avere il coraggio	*Mut haben*

Hai voglia di fare una passeggiata? — *Hast du Lust, spazieren zu gehen?*

- nach *essere* + Adjektiv:

essere certo	*sicher sein*	essere capace	*fähig sein*
essere sicuro	*sicher sein*	essere contento	*froh sein*
essere felice	*froh sein*	essere orgoglioso	*stolz sein*
essere stanco	*müde sein*		

Sono contenta di vederti. — *Ich bin froh, dich zu sehen.*

- als Ersatz für einen Nebensatz mit *che* + Konjunktiv (→ Kap. 20.3):

Credo di farcela. — *Ich glaube, ich schaffe es.*

Infinitiv mit *a*

Mit der Präposition *a* wird der Infinitiv meist zum Ausdruck des Zweckes angeschlossen

- nach Verben der Bewegung:

andare *gehen*	venire *kommen*	correre	*laufen*

Vado a fare la spesa. *Ich gehe einkaufen.*

- nach den Verben:

abituarsi	*sich gewöhnen*	imparare	*lernen*
aiutare	*helfen*	insegnare	*unterrichten*
cominciare	*beginnen*	rimanere	*bleiben*
continuare	*fortsetzen*	rinunciare	*verzichten*
costringere	*zwingen*	riuscire	*gelingen*

Comincio a lavorare alle 8. *Ich fange um 8 Uhr an zu arbeiten.*

- nach einigen Adjektiven mit *essere*:

essere pronto	*fertig sein*	essere adatto	*geeignet sein*
essere disposto	*bereit sein*		

Alessandro è disposto a farlo. *Alessandro ist bereit, es zu tun.*

- als Ersatzkonstruktion für einen Nebensatz mit *se* (wenn) oder einen Relativsatz, wenn die Subjekte übereinstimmen:

A pensarci bene (= se ci penso bene) non ho voglia di andare al cinema. *Wenn ich genau darüber nachdenke, habe ich keine Lust ins Kino zu gehen.*
È l'unico a saperlo. *Er ist der Einzige, der es weiß.*

Infinitiv mit *da*

Der Infinitiv mit *da* drückt meist den Zweck oder die Folge aus; er steht

- nach bestimmten Substantiven:

la macchina da scrivere *die Schreibmaschine*

- nach den Pronomen *qualcosa, niente, molto, poco, tanto, che cosa*:

Vorrei qualcosa da mangiare. *Ich möchte etwas zu essen.*

- nach *essere*:

Era da sospettare.	*Das war zu vermuten.*

- nach *avere* in der Bedeutung „müssen":

Ho da fare.	*Ich habe zu tun.*

- als Ersatz für einen Folgesatz nach *così/tanto* bei Subjektgleichheit:

Era così stanco da addormentarsi subito.	*Er war so müde, dass er sofort einschlief.*

2. Infinitiv Perfekt

Der Infinitiv Perfekt wird in der Regel verwendet, um einen Nebensatz mit demselben Subjekt wie im Hauptsatz zu ersetzen, dessen Handlung vor der des Hauptsatzes geschehen ist. Wie der Infinitiv Präsens wird er entsprechend den vorausgehenden Verben oder Ausdrücken angeschlossen.

Non penso di avere già incontrato Matteo.	*Ich denke nicht, dass ich Matteo schon getroffen habe.*
Nessuno sembrava averlo capito.	*Niemand schien es verstanden zu haben.*
Credo di aver già detto troppo.	*Ich glaube, ich habe schon zuviel gesagt.*

26 Gerundium

Das Gerundium hat zwei Formen: das Gerundium der Gegenwart (*il gerundio semplice*) und das Gerundium der Vergangenheit (*il gerundio composto*). Beide Formen sind unveränderlich.

26.1 Formen des *gerundio semplice*

guardare *sehen*	**leggere** *lesen*	**sentire** *hören*
guard-**ando**	legg-**endo**	sent-**endo**

Das *gerundio semplice* bildet man, indem an den Verbstamm der Verben auf *-are* die Endung *-ando*, bei den Verben auf *-ere* und *-ire* die Endung *-endo* angehängt wird.
Zur unregelmäßigen Bildung der Verben *fare, dire, bere* ⟶ Anhang.
Zur Stellung unbetonter Personalpronomina ⟶ Kap. 7.7.

26.2 Gebrauch des *gerundio semplice*

Das *gerundio semplice* bezeichnet eine Handlung, die gleichzeitig zur Haupthandlung stattfindet. Sind die beiden Subjekte identisch, kann das Gerundium einen Nebensatz ersetzen, der

- das **zeitliche Verhältnis** bezeichnet (temporal):

  Apprendendo quella notizia, sono rimasta molto sorpresa. — *Als ich diese Nachricht erhielt, war ich sehr überrascht.*

- den **Grund** (kausal) angibt:

  Lavorando molto, Mario ha poco tempo libero. — *Da Mario viel arbeitet, hat er wenig Freizeit.*

- die **Art und Weise** (modal):

  Paola si rilassa ascoltando musica. — *Paola entspannt sich, indem sie Musik hört.*

- eine **Bedingung** (konditional):

  Lavorando meno, non saresti sempre così stanco. — *Wenn du weniger arbeiten würdest, wärst du nicht immer so müde.*

- in Verbindung mit *pure* eine **Einschränkung** (konzessiv):

  Pur essendo malato, va a lavorare. — *Obwohl er krank ist, geht er arbeiten.*

Stare + Gerundium beschreibt eine Handlung, die im Augenblick des Sprechens geschieht:

Che stai facendo? — *Was machst du (gerade)?*
Sto leggendo il giornale. — *Ich lese (gerade) die Zeitung.*

26.3 Formen des *gerundio composto*

avendo letto	essendo rimasto/-a/-i/-e

Das Gerundium der Vergangenheit wird aus dem *gerundio semplice* von *avere* oder *essere* und dem Partizip Perfekt des Verbs gebildet. Bei dem mit *essendo* gebildeten Gerundium wird das Partizip angeglichen.

26.4 Gebrauch des *gerundio composto*

Das *gerundio composto* drückt eine vorausgehende Handlung aus; es ersetzt wie das *gerundio semplice* einen Nebensatz (meist kausal oder temporal).

Essendo arrivata in ritardo, si è persa l'inizio del film. — *Da sie zu spät gekommen war, verpasste sie den Anfang des Films.*

27 Partizip

27.1 Partizip Präsens – Formen

brillare	ridere	seguire
brill-**ante** *glänzend*	rid-**ente** *lachend*	segu-**ente** *folgend*

Die Infinitivendung der Verben auf *-are* wird durch die Endung *-ante* ersetzt, die der Verben auf *-ere* und *-ire* durch *-ente*.

27.2 Gebrauch des Partizip Präsens

Das Partizip Präsens (*il participio presente*) wird relativ selten verwendet, meist

- in Funktion eines Adjektivs oder substantiviert, z.B.:

corrente	*fließend, geläufig*	pesante	*schwer*
la corrente	*Strom*	l'insegnante	*Lehrer*

- als Ersatz eines Relativsatzes:

Le domande riguardanti (= che riguardano) questo problema ...	*Die Fragen, die dieses Problem betreffen, ...*

27.3 Partizip Perfekt – Formen

Regelmäßige Formen

chiamare	vendere	partire
chiam-**ato** *gerufen*	vend-**uto** *verkauft*	part-**ito** *abgefahren*

Das Partizip Perfekt (*il participio passato*) bildet man, indem anstelle der Infinitivendung die Partizipendung angehängt wird:

-are → *-ato*
-ere → *-uto*
-ire → *-ito*

Das Hilfsverb *essere* hat dasselbe Partizip Perfekt wie *stare*: *stato*; *avere* bildet es regelmäßig: *avuto*.

Unregelmäßige Formen
Zahlreiche Verben (vor allem auf *-ere*) bilden das Partizip Perfekt unregelmäßig. Die beiden häufigsten Endungen sind *-so*, *-to* und *-sto*:

Infinitiv Präsens		Partizip Perfekt	
prendere	*nehmen*	pre**so**	*genommen*
chiedere	*fragen*	chie**sto**	*gefragt*
aprire	*öffnen*	aper**to**	*geöffnet*

Zu weiteren unregelmäßigen Partizipien ⟶ Anhang.

27.4 Gebrauch des Partizip Perfekt
Wichtigste und häufigste Verwendung findet das Partizip Perfekt mit den Hilfsverben in den zusammengesetzten Zeiten sowie im Passiv (⟶ Kap. 23):

Ho scritto una lettera.	*Ich habe einen Brief geschrieben.*
Sono andata a Monaco.	*Ich bin nach München gefahren.*

Das Partizip Perfekt kann auch in Funktion eines Adjektivs verwendet werden:

l'anno scorso	*vergangenes Jahr*

In der Schriftsprache ersetzt das Partizip (ohne Hilfsverb verwendet) entweder einen Relativsatz:

La notizia ricevut**a** (= che ho ricevuto) ieri, mi ha fatto paura.	*Die Nachricht, die ich gestern erhalten habe, hat mir Angst eingejagt.*

oder einen temporalen Nebensatz (eingeleitet mit *appena* „sobald", *dopo che* „nachdem", *quando* „als"). Das Partizip eines transitiven Verbs richtet sich in Numerus und Genus nach seinem Objekt, das eines intransitiven Verbs nach dem Subjekt des Satzes.

Ricevut**a** l**a** notizi**a**, mi ha chiamato subito.	*Sobald er/sie die Nachricht erhalten hatte, rief er/sie mich sofort an.*
Tornat**i** a casa, **abbiamo** mangiato qualcosa.	*Nachdem wir nach Hause gekehrt waren, haben wir etwas gegessen.*

28 Konjunktionen

28.1 Beiordnende Konjunktionen

Folgende Konjunktionen verknüpfen gleichartige Sätze oder Satzteile:

e(d)	*und*	**però**	*jedoch*
o/oppure	*oder*	**tuttavia**	*trotzdem*
sia ...sia/che	*sowohl ...als auch*	**anzi**	*im Gegenteil, sogar*
invece	*hingegen/jedoch*		
o ...o	*entweder ...oder*	**quindi/allora**	*also, folglich*
né ...né	*weder ...noch*	**dunque/così**	*also/und so*
ma	*aber*	**perciò**	*deshalb*

io e te/io o lei	*du und ich/ich oder sie*
Sono molto stanca, ma vorrei uscire lo stesso.	*Ich bin sehr müde, aber ich möchte trotzdem ausgehen.*
Piove, perciò non esco.	*Es regnet, deshalb gehe ich nicht aus.*
Non mi disturbi, anzi, mi fa piacere vederti.	*Du störst mich nicht, im Gegenteil, ich freue mich, dich zu sehen.*
A me piace stare al mare, Paolo invece preferisce la montagna.	*Ich bin gerne am Meer, Paolo jedoch mag die Berge lieber.*

28.2 Unterordnende Konjunktionen

Diese Konjunktionen leiten einen untergeordneten Satz ein und stellen einen logischen Zusammenhang zwischen Haupt- und Nebensatzhandlung her. Konjunktionen, die den Konjunktiv verlangen, sind kursiv gesetzt. Zur Zeitengebung in Haupt- und Nebensatz → Kap. 21.

- Ein **zeitliches** Verhältnis drücken folgende Konjunktionen aus:

quando	*als, wenn*	**mentre**	*während*
da quando	*seit*	***prima che***	*bevor*
dopo che	*nachdem*	***(non) appena***	*sobald* (auch + Ind.)

Ti chiamo, (non) appena io sia/sono tornato.	*Ich rufe dich an, sobald ich zurück bin.*
Mentre mangievo, è suonato il telefono.	*Während ich aß, klingelte das Telefon.*

- Den **Grund** bezeichnen:

perché	*weil*	**siccome, poiché, visto che, dato che**	*da, weil*

Non ti ho chiamato, perché avevo la febbre. — *Ich habe dich nicht angerufen, weil ich Fieber hatte.*
Siccome avevo la febbre, ... — *Da ich Fieber hatte, ...*

Die mit *siccome, dato che, visto che* oder *poiché* eingeleiteten Sätze gehen immer dem Hauptsatz voraus.

- Den **Zweck** beschreiben:

affinché, perché	*damit*

Ripeto, perché lo capiscano tutti. — *Ich wiederhole, damit es alle verstehen.*

- Eine **Bedingung** drücken aus:

se (+ Ind./Konj.)	*wenn, falls*
qualora	*wenn, falls*
nel caso che	*falls*
a condizione che/purché	*unter der Bedingung, dass*

Ti aiuterò, purché tu mi dica la verità. — *Ich werde dir helfen unter der Bedingung, dass du mir die Wahrheit sagst.*

Nach *se* steht der Indikativ, wenn die Handlung real ist:

Se ho tempo, vengo volentieri. — *Wenn/falls ich Zeit habe, komme ich gerne.*

Durch den Konjunktiv werden irreale Handlungen der Gegenwart (Konj. Imp.) und der Vergangenheit (Konj. Plusqu.) ausgedrückt:

Se io avessi tempo, verrei volentieri. — *Wenn ich Zeit hätte, käme ich gerne.*
Se mi avesse chiamato prima, sarei venuta anch'io. — *Wenn er/sie mich früher angerufen hätte, wäre auch ich gekommen.*

- Eine **Einschränkung** wird durch folgende Konjunktionen ausgedrückt:

benché/sebbene/nonostante	*obwohl*
anche se	*auch wenn*
tranne che/a meno che	*es sei denn, außer wenn*

Benché tu stia meglio, ... — *Obwohl es dir besser geht, ...*
Esco, anche se piove. — *Ich gehe aus, auch wenn es regnet.*

Für *anche se* gelten dieselben Regeln wie für *se* (s. o.).

- Eine **Folge** bezeichnen:

così/tanto ... che	*so ... dass*	**cosicché**	*so dass*

La nebbia era così fitta, che non si vedeva nulla. — *Der Nebel war so dicht, dass man nichts sah.*

29 Verneinung

29.1 Die einfache Verneinung

Die Verneinung wird im Italienischen meist mit *non* „nicht" ausgedrückt. Es steht vor dem Verb bzw. vor dem unbetonten Objektpronomen:

Marco non sta bene.	*Marco geht es nicht gut.*
Non mi piace.	*Es gefällt mir nicht.*

„Kein" im Deutschen ist, außer wenn es beim Subjekt steht, ebenfalls mit *non* wiederzugeben:

Non ho voglia di uscire.	*Ich habe **keine** Lust auszugehen.*

Als Subjekt wird „kein" durch ein Indefinitpronomen ersetzt:

Nessun italiano mangerebbe questa schifezza.	***Kein** Italiener* (= Subjekt) *würde diesen Fraß essen.*

Während *non* „nicht" ein Verb verneint, steht *no* „nein" als negative Antwort auf eine Entscheidungsfrage. In verkürzten Sätzen ohne Verb hat *no* oft die Bedeutung „nicht":

Hai fame? No.	*Hast du Hunger? Nein.*
Perché no?	*Warum nicht?*
Credo di no.	*Ich glaube nicht.*

29.2 Die mehrteilige Verneinung

Einige Adverbien sowie die Pronomina *niente* und *nessuno* verbinden sich mit *non* zu einer zwei- oder mehrteiligen Verneinung:

non + Adverb, *non* + Konjunktion

non ... mai	*nie*	**non ... più**	*nicht mehr*
non ... mica	*doch nicht*	**non ... nemmeno**	*nicht einmal*
non ... affatto	*überhaupt nicht*	**non ... né ... né**	*weder ... noch*

Non ha mai fumato.	*Er/sie hat nie geraucht.*
Non ho né mangiato né bevuto.	*Ich habe weder gegessen noch getrunken.*

non + Pronomen

non ... nessuno	*niemand*	**non ... niente**	*nichts*

Non è venuto nessuno.	*Es ist niemand gekommen.*

non + Adverb + Pronomen

non ... mai più	*nie mehr*
non ... ancora nessuno	*noch niemand*
non ... mai niente	*nie etwas*

Non ci capisco più niente. *Ich verstehe gar nichts mehr.*

Non steht immer vor dem Verb, der zweite Teil der Verneinung direkt danach bzw. nach dem Hilfsverb, außer *nessuno* und *niente*, die nach dem gesamten Verb stehen. Zur stärkeren Betonung können *mai, mica nemmeno, nessuno, niente* auch vor dem Verb stehen, *non* entfällt hierbei:

Nemmeno lei è venuta. *Nicht einmal sie ist gekommen.*

Wird *mai* ohne *non* gebraucht, kann es auch positive Bedeutung haben:

Sei mai stato in Italia? *Bist du jemals in Italien gewesen?*

30 Präpositionen

Die wichtigsten Präpositionen im Überblick (zur Verschmelzung einiger Präpositionen mit dem bestimmten Artikel → Kap. 2.3):

a 1. *(räuml.) in, nach* 2. *(zeitl.) um, bis* 3. *zu, an*	1. Vado a Roma. Vive a Roma. 2. Partiamo alle due. A domani! due volte al giorno 3. a piedi Scrive alla sua amica.	1. *Ich fahre nach Rom.* *Er lebt in Rom.* 2. *Wir fahren um 2 ab.* *Bis morgen!* *zweimal täglich* 3. *zu Fuß* *Er schreibt seiner Freundin.*
a causa di *wegen*	a causa dello sciopero	*wegen des Streiks*
accanto a *neben*	accanto all'edicola	*neben dem Kiosk*
a destra di *rechts von*	a destra della stazione	*rechts vom Bahnhof*
a partire da *ab*	a partire da ottobre	*ab Oktober*
a sinistra di *links von*	a sinistra della stazione	*links vom Bahnhof*
attraverso *durch*	attraverso il giardino	*durch den Garten*
con 1. *mit* 2. *(zeitl.) bei*	1. andare con la macchina di Pia (**aber:** in macchina) 2. con questo buio	1. *mit Pias Auto fahren* (**aber:** *mit dem Auto fahren)* 2. *bei dieser Dunkelheit*
contro *gegen*	contro il muro contro l'opinione di tutti	*gegen die Mauer* *gegen die Meinung aller*
da 1. *von, zu, bei* 2. *ab, seit* 3. *zu* 4. *(b. Passiv) von*	1. Torno da Parigi. Vai da Luigi? 2. da giovedì 3. C'è qualcosa da bere? 4. La chiesa è stata costruita da ...	1. *Ich komme aus Paris.* *Gehst du zu Luigi?* 2. *ab/seit Donnerstag* 3. *Ist etwas zu trinken da?* 4. *Die Kirche wurde von ... erbaut.*
davanti a *vor*	davanti alla casa	*vor dem Haus*

dentro (a) *in*	dentro al/il cassetto	*in der Schublade*
di 1. *aus, von* 2. *(zeitl.) an, in* 3. *von* 4. *(Material) aus*	1. Franco è di Napoli. 2. d'estate di sera 3. la bicicletta di Linda 4. la camicia di cotone	1. *Franco ist aus Neapel.* 2. *im Sommer* *abends, am Abend* 3. *Lindas Fahrrad* 4. *das Hemd aus Baumwolle*
dietro (a) *hinter*	dietro (al)la casa	*hinter dem Haus*
di fronte a *gegenüber von*	di fronte all'albergo	*gegenüber vom Hotel*
dopo *nach*	dopo la scuola dopo il semaforo	*nach der Schule* *nach der Ampel*
durante *während*	durante la seconda guerra mondiale	*während des 2. Weltkriegs*
entro *innerhalb*	entro due giorni	*innerhalb zweier Tage*
fa *vor (zeitl.)*	qualche giorno **fa** (<u>nach</u> dem Substantiv!)	*vor einigen Tagen*
fino a *bis*	fino a giovedì fino a Monaco	*bis Donnerstag* *bis München*
fra/tra 1. *zwischen, unter* 2. *(zeitl.) in*	1. tra amici 2. fra due settimane	1. *zwischen/unter Freunden* 2. *in zwei Wochen*
fuori di *außerhalb von*	fuori del centro	*außerhalb des Zentrums*
in 1. *in, nach* 2. *(zeitl.) in* 3. *mit*	1. Vivono in Italia. Vado in Italia. 2. in agosto 3. andare in treno	1. *Sie leben in Italien.* *Ich fahre nach Italien.* 2. *im August* 3. *mit dem Zug fahren*
in fondo a im Grunde/am Ende von	in fondo al corridoio	*am Ende des Korridors*
in mezzo a *inmitten von, mitten auf*	in mezzo alla strada	*mitten auf der Straße*

insieme a *zusammen mit*	insieme a noi	*mit uns zusammen*
intorno a *um ... herum*	intorno alla casa	*um das Haus herum*
invece di *anstelle von*	invece di Franco	*anstelle von Franco*
lontano da *weit entfernt von*	lontano da Roma	*weit von Rom entfernt*
oltre 1. *jenseits* 2. *(zeitl.) über* **oltre a** *außer*	1. oltre il confine 2. oltre un'ora Oltre a lui c'erano tanti altri amici.	1. *jenseits der Grenze* 2. *über eine Stunde* *Außer (zusätzlich zu) ihm waren viele andere Freunde da.*
per 1. *(räuml.) durch, nach* 2. *(zeitl.) lang, für* 3. *für*	1. per il centro partire per Roma 2. per una settimana 3. per me	1. *durch das Zentrum nach Rom abreisen* 2. *für eine Woche, eine Woche lang* 3. *für mich*
prima di *vor*	prima della partenza	*vor der Abreise*
senza *ohne*	senza alcun dubbio	*ohne jeglichen Zweifel*
sopra *über*	sopra il sofà	*über dem Sofa*
sotto *unter*	sotto il sofà	*unter dem Sofa*
su 1. *auf* 2. *(zeitl.) um* 3. *über*	1. sul tavolo 2. sui trent'anni 3. discutere su qualcosa	1. *auf dem Tisch* 2. *um die dreißig Jahre* 3. *über etwas diskutieren*
tranne *bis auf, außer*	Tranne lui, non è venuto nessuno.	*Außer ihm/bis auf ihn kam niemand.*
verso *in Richtung, gegen*	verso Bologna verso le sette	*in Richtung Bologna* *gegen sieben Uhr*
vicino a *in der Nähe von*	vicino a Francoforte	*in der Nähe von Frankfurt*

Anhang: Unregelmäßige Verben

Die meisten dieser Verben haben nur in manchen Zeiten unregelmäßige Formen, vor allem *passato remoto* und Partizip Perfekt; diese Formen sind fett gedruckt.

Infinitiv	Präsens	Passato remoto	Perfekt	Sonstige unregelmäßige Formen
accendere *anzünden*	accendo	**accesi**	ho **acceso**	
andare *gehen*	**vado** **vai** **va** andiamo andate **vanno**	andai	sono andato/-a	*Konj. Präs.* **vada,** andiamo, andiate**, vadano** *Fut. I* **andrò** *Kond. I* **andrei**
aprire *öffnen*	apro	aprii	ho **aperto**	ebenso: scoprire *entdecken*, soffrire *leiden*, offrire *anbieten*
bere *trinken*	**bevo** **bevi** **beve** **beviamo** **bevete** **bevono**	**bevvi**	ho **bevuto**	*Fut. I* **berrò** *Kond. I* **berrei** Alle anderen Formen werden vom Stamm **bev-** gebildet: z.B. *Konj. Präs.* **beva**
cadere *fallen*	cado	**caddi**	sono caduto/-a	*Fut. I* **cadrò** *Kond. I* **cadrei**
chiedere *fragen*	chiedo	**chiesi**	ho **chiesto**	
chiudere *schließen*	chiudo	**chiusi**	ho **chiuso**	
confondere *verwirren*	confondo	**confusi**	ho **confuso**	ebenso: diffondere *verbreiten*
conoscere *kennen-(lernen)*	conosco	**conobbi**	ho conosciuto	ebenso: riconoscere *erkennen*

Infinitiv	Präsens	Passato remoto	Perfekt	Sonstige unregelmäßige Formen
correggere *korrigieren*	correggo	**corressi**	ho **corretto**	
correre *rennen*	corro	**corsi**	ho **corso**	ebenso: trascorrere *verbringen*, occorrere *nötig sein*
costringere *zwingen*	costringo	**costrinsi**	ho **costretto**	ebenso: stringere *drücken, festhalten*
crescere *wachsen*	cresco	**crebbi**	sono cres- ciuto/-a	
dare *geben*	do **dai** **dà** diamo date **danno**	**diedi/detti** **desti** **diede/** **dette** **demmo** **deste** **diedero/** **dettero**	ho dato	*Konj. Präs.* **dia** *Konj. Imp.* **dessi** *Fut. I* **darò** *Kond. I* **darei** *Imper. Sg.* **da' (dai)**
decidere *entschei-* *den*	decido	**decisi**	ho **deciso**	ebenso: uccidere *töten*
difendere *verteidigen*	difendo	**difesi**	ho **difeso**	ebenso: offendere *beleidigen*
dire *sagen*	**dico** **dici** **dice** **diciamo** **dite** **dicono**	**dissi**	ho **detto**	*Ind. Imp.* **dicevo** *Konj. Präs.* **dica** *Konj. Imp.* **dicessi** *Fut. I* **dirò** *Kond. I* **direi** *Imper. Sg.* **di'** *Ger.* **dicendo**
discutere *diskutieren*	discuto	**discussi**	ho **discusso**	
distinguere *unter-* *scheiden*	distinguo	**distinsi**	ho **distinto**	ebenso: estinguere *(aus)löschen*

Infinitiv	Präsens	Passato remoto	Perfekt	Sonstige unregelmäßige Formen
distruggere *zerstören*	distruggo	**distrussi**	ho **distrutto**	
dovere *müssen*	**devo** **devi** **deve** **dobbiamo** dovete **devono**	dovei/ dovetti	ho dovuto	*Konj. Präs.* **debba/deva, dobbiamo, dobbiate, debbano/devano** *Fut. I* **dovrò** *Kond. I* **dovrei**
esprimere *aus-drücken*	esprimo	**espressi**	ho **espresso**	
fare *machen*	**faccio** **fai** **fa** **facciamo** **fate** **fanno**	**feci**	ho **fatto**	*Konj. Präs.* **faccia** *Konj. Imp.* **facessi** *Fut. I* **farò** *Kond. I* **farei** *Imper. Sg.* **fa' (fai)** *Ger.* **facendo**
giungere *ankom-men, er-reichen*	giungo	**giunsi**	sono **giunto/-a**	ebenso: aggiungere *hinzufügen*, raggiungere *einholen, erreichen*
leggere *lesen*	leggo	**lessi**	ho **letto**	
mettere *setzen, legen*	metto	**misi**	ho **messo**	ebenso: ammettere *zugeben*, commettere *begehen*, permettere *erlauben*, promettere *versprechen*, smettere *aufhören*
morire *sterben*	**muoio** **muori** **muore** moriamo morite **muoiono**	morii	è **morto/-a**	*Konj. Präs.* **muoia**

Infinitiv	Präsens	Passato remoto	Perfekt	Sonstige unregelmäßige Formen
muovere *bewegen*	muovo	**mossi**	ho **mosso**	
nascere *geboren werden*	nasco	**nacqui**	sono **nato/-a**	
nascon-dere *verstecken*	nascondo	**nascosi**	ho **nascosto**	
parere *scheinen*	**paio** pari pare **paiamo** parete **paiono**	**parvi**	sono **parso/-a**	*Fut. I* **parrò** *Konj. Präs.* **paia** *Kond. I* **parrei**
perdere *verlieren*	perdo	**persi**	ho **perso**	
piacere *gefallen, mögen*	**piaccio** piaci piace **piacciamo** piacete **piacciono**	**piacque**	sono piaciuto/-a	*Konj. Präs.* **piaccia** ebenso: dispiacere *Leid tun* (unpersönlich!)
piangere *weinen*	piango	**piansi**	ho **pianto**	
potere *können*	**posso** **puoi** **può** **possiamo** **potete** **possono**	potei	ho potuto	*Konj. Präs.* **possa** *Fut. I* **potrò** *Kond. I* **potrei**
prendere *nehmen*	prendo	**presi**	ho **preso**	ebenso: apprendere *lernen, erfahren*, comprendere *begreifen*, sorprendere *überraschen*

Infinitiv	Präsens	Passato remoto	Perfekt	Sonstige unregelmäßige Formen
produrre *produzieren*	**produco produci produce produciamo producete producono**	**produssi**	ho **prodotto**	*Fut. I* **produrrò** *Kond. I* **produrrei** Alle anderen Formen werden vom Stamm **produc-** gebildet, z. B. *Ind. Imp.* **producevo**. ebenso: ridurre *reduzieren*, tradurre *übersetzen*
proporre *vorschlagen*	**propongo proponi propone proponiamo proponete propongono**	**proposi**	ho **proposto**	*Ind. Imp.* **proponevo** *Konj. Präs.* **proponga** *Konj. Imp.* **proponessi** *Fut. I* **proporrò** *Kond. I* **proporrei** ebenso: supporre *vermuten*
ridere *lachen*	rido	**risi**	ho **riso**	ebenso: sorridere *lächeln*, deridere *verspotten*
rimanere *bleiben*	**rimango** rimani rimane rimaniamo rimanete **rimangono**	**rimasi**	sono **rimasto/-a**	*Konj. Präs.* **rimanga** *Fut. I* **rimarrò** *Kond. I* **rimarrei**
risolvere *lösen*	risolvo	**risolsi**	ho **risolto**	
rispondere *antworten*	rispondo	**risposi**	ho **risposto**	ebenso: corrispondere *entsprechen*
rompere *brechen*	rompo	**ruppi**	ho **rotto**	ebenso: interrompere *unterbrechen*

Infinitiv	Präsens	Passato remoto	Perfekt	Sonstige unregelmäßige Formen
salire *be-/ein-steigen, hinauf-gehen*	**salgo** sali sale saliamo salite **salgono**	salii	sono salito/-a	*Konj. Präs.* **salga**
sapere *wissen, können*	**so** **sai** **sa** **sappiamo** sapete **sanno**	**seppi**	ho saputo	*Konj. Präs.* **sappia, sappiamo, sappiate, sappiano** *Fut. I* **saprò** *Kond. I* **saprei** *Imper.* **sappi, sappiate**
scegliere *(aus)wäh-len*	**scelgo** **scegli** sceglie **scegliamo** scegliete **scelgono**	**scelsi**	ho **scelto**	*Konj. Präs.* **scelga**
scendere *herunter-gehen*	scendo	**scesi**	sono **sceso/-a**	
scrivere *schreiben*	scrivo	**scrissi**	ho **scritto**	ebenso: descrivere *beschreiben*
sedere *sitzen*	**siedo** **siedi** **siede** sediamo sedete **siedono**	sedei/-etti	sono seduto/-a	*Konj. Präs.* **sieda** ebenso: sedersi *sich setzen*, possedere *besitzen*
spegnere *löschen*	**spengo** spegni spegne spegniamo spegnete **spengono**	**spensi**	ho **spento**	

Infinitiv	Präsens	Passato remoto	Perfekt	Sonstige unregelmäßige Formen
spendere *ausgeben*	spendo	**spesi**	ho **speso**	
spingere *stoßen*	spingo	**spinsi**	ho **spinto**	
stare *stehen, sein*	sto **stai** sta stiamo state **stanno**	**stetti** **stesti** **stette** **stemmo** **steste** **stettero**	sono stato/-a	*Konj. Präs.* **stia** *Konj. Imp.* **stessi** *Fut. I* **starò** *Kond. I* **starei** *Imp. Sg.* **sta' (stai)**
tacere *schweigen*	**taccio** taci tace **tacciamo** tacete **tacciono**	**tacqui**	ho taciuto	*Konj. Präs.* **taccia**
tenere *halten*	**tengo** **tieni** **tiene** teniamo tenete **tengono**	**tenni**	ho tenuto	*Konj. Präs.* **tenga** *Fut. I* **terrò** *Kond. I* **terrei** ebenso: contenere *enthalten*, ottenere *erhalten*, sostenere *behaupten*
togliere *weg-nehmen*	**tolgo** **togli** toglie **togliamo** togliete **tolgono**	**tolso**	ho **tolto**	*Konj. Präs.* **tolga** ebenso: raccogliere *sammeln*, accogliere *aufnehmen, empfangen*
uscire *(hin)aus-gehen*	**esco** **esci** **esce** usciamo uscite **escono**	uscii	sono uscito/-a	*Konj. Präs.* **esca** ebenso: riuscire *gelingen*

Infinitiv	Präsens	Passato remoto	Perfekt	Sonstige unregelmäßige Formen
vedere *sehen*	vedo	**vidi**	ho **visto**	*Fut. I* **vedrò** *Kond. I* **vedrei**
venire *kommen*	**vengo** **vieni** **viene** veniamo venite **vengono**	**venni**	sono **venuto/-a**	*Konj. Präs.* **venga** *Fut. I* **verrò** *Kond. I* **verrei**
vincere *siegen*	vinco	**vinsi**	ho **vinto**	ebenso: convincere *überzeugen*
vivere *leben*	vivo	**vissi**	ho **vissuto**	*Fut. I* **vivrò** *Kond. I* **vivrei**
volere *wollen*	**voglio** **vuoi** **vuole** **vogliamo** volete **vogliono**	**volli**	ho voluto	*Konj. Präs.* **voglia** *Fut. I* **vorrò** *Kond. I* **vorrei**

Register

(Die Zahlen verweisen auf die Kapitel.)